中等职业学校"十四五"规划电子商务类专业系列教材

农村电商直播

梁 燕 覃文良 黄景改 主编

中国财富出版社有限公司

图书在版编目 (CIP) 数据

农村电商直播 / 梁燕,覃文良,黄景改主编. — 北京：中国财富出版社有限公司，2021.11

中等职业学校"十四五"规划电子商务类专业系列教材

ISBN 978-7-5047-7601-3

Ⅰ. ①农… Ⅱ. ①梁…②覃…③黄… Ⅲ. ①农村—电子商务—网络营销—中等专业学校—教材 Ⅳ. ① F713.365.2

中国版本图书馆 CIP 数据核字（2021）第 243708 号

策划编辑	周 畅	**责任编辑**	田 超 刘康格		**版权编辑**	李 洋
责任印制	梁 凡	**责任校对**	卓闪闪		**责任发行**	杨 江

出版发行 中国财富出版社有限公司

社 址	北京市丰台区南四环西路 188 号 5 区 20 楼	邮政编码	100070
电 话	010-52227588 转 2098（发行部）	010-52227588 转 321（总编室）	
	010-52227566（24 小时读者服务）	010-52227588 转 305（质检部）	
网 址	http://www.cfpress.com.cn	排 版	宝蕾元
经 销	新华书店	印 刷	宝蕾元仁浩（天津）印刷有限公司
书 号	ISBN 978-7-5047-7601-3/F·3412		
开 本	787mm×1092mm 1/16	版 次	2024 年 5 月第 1 版
印 张	10.75	印 次	2024 年 5 月第 1 次印刷
字 数	198 千字	定 价	45.00 元

编委会成员

前　言

　　随着新技术的发展和新消费模式的崛起，我国的商业环境正迎来深层次的改变。尤其是广袤的农村地区，在以电商为代表的新模式和新技术的推动下，正发生着巨大变化。

　　伴随村镇网络和物流网点的建设，互联网在农村不断普及，电子商务在农村的覆盖率正逐步加大。农村电商促进了农村经济发展，促进了新型城镇化建设，促进了人才和资金等资源回流农村，对改善农民生活质量和农村社会面貌，推进乡村振兴有重要作用，是解决农业升级、农产品上行、农民增收、农业增效、农村发展等相关问题的重要新路径。

　　近年来，随着短视频的流行和各大短视频平台的崛起，直播带货成了一个新的商业风口，创造了一种全新的电商模式——电商直播。风口之下，越来越多的网络平台开启了直播带货业务，越来越多的主播加入直播带货的热潮中。直播带货不仅带火了服饰、快消品等传统电商热卖品类，也带火了农产品，各地的特色农产品纷纷搭上了电商直播的快车。

　　在传统模式下，农产品历来存在诸多销售痛点，如生产周期长、销售周期短、销售渠道窄等，无法同更广泛的消费者建立直接联系，导致农产品滞销，卖不上好价钱，无法形成规模效应，农民增收难。而随着电商直播时代的到来，上述问题都迎刃而解。我国地大物博、幅员辽阔，基本上每个地区都有特色、优势农产品，都有区域公用品牌农产品。借助网络直播，可将各地具有地域性的优质特色农产品销售给全国范围内的消费者，拓展农产品的销售区域，提高农民销售收入，在一定程度上可以化解农业小规模生产与大市场之间的矛盾。通过直播销售农产品成了一种新的风尚，一场场直播让农产品产生了惊人销量，为农产品销售带来了新模式。基于此，编者特编写本书。

本书特色

● 学以致用。本书适用于培养农村电商直播应用型人才，不仅讲解电商直播的入门操作，还涵盖了策略、规划、技巧，实操性强，让读者真正掌握农村电商直播的方法与技巧。

● 资源丰富。本书融入大量新话题，可以引发读者思考，拓展读者的视野。

● 做学一体。打破长期以来教学的理论与实践二元分离的局面，本书以工作任务为中心，实现理论与实践的一体化教学。

本教材编写过程中参阅了大量资料，吸取了许多有益的内容。由于编者水平有限，书中难免有错误和不当之处，恳请使用本教材的广大师生和读者予以批评指正，以臻完善。

目　录

模块一　电商直播前景分析

2020 年，疫情让人们的工作、学习和生活转向线上，这也促进了宅经济、无接触经济等发展，改变着人们的消费习惯。电商直播作为新兴消费方式的表现尤为亮眼，仅 2020 年上半年，全国已开展电商直播超过 1000 万场。截至 2020 年 3 月，我国电商直播用户规模达到 2.65 亿人，占整个网购用户的近 40%。[①]

以电商直播的主播为例，从早期的达人主播，到明星和知名企业家，再到如今的大小商家。直播带货的商品品类也日益丰富和多样化，除美妆、农产品、家电等传统的商品，旅游套餐等服务类商品也正通过直播走向消费者。

电商直播是网络零售创新的一次尝试，商品的呈现方式由图文、短视频到直播，实现了从"无人店铺"到"有人店铺"的升级，满足了消费者追求更真实、更可信的购物体验的诉求，让消费者感受有温度的购物体验。

万物皆可直播、人人皆可直播的直播电商时代已经到来了。

任务分析

直播营销以直播平台为载体，将社交、直播、电商等功能结合在一起，实现了销售系统的转变，获得品牌知名度和产品销量的双提升。

直播带货是一种崭新的营销模式，人们可以通过不同平台进行直播带货。直播带货的出现，对于很多企业来说是一次难得的红利。目前，淘宝、京东、拼多多、快手、抖音等已经大举进军电商直播领域，不断尝试直播带货的新玩法。

---

① CNNIC 报告：上半年国内电商直播超过 1000 万场［EB/OL］.（2020–10–10）［2023–05–22］. https://www.sohu.com/a/423701698_100020617.

任务一 认识电商直播

一、电商直播内涵

在了解电商直播前，有必要了解一下有关直播的相关知识。如今，直播已经成为时代的代表行业之一，很多软件都增加了直播功能。似乎在一夜之间，直播行业成为风口，成为特别"火"的行业。

其实，直播并不是突然"火"的。直播的繁荣，是很多因素共同作用的结果。学习以下内容，有助于我们了解直播繁荣的缘由。

（一）直播的由来

"直播"一词由来已久。在传统媒体时代，就已经有基于电视或广播的现场直播形式，如晚会直播、访谈直播、体育比赛直播、新闻直播等。那时，"直播"一词指广播电台不经过录音或电视台不经过录像而直接播送。

后来，随着互联网的发展，尤其是智能手机的普及和移动互联网网速的提升，直播的概念有了新的延展，越来越多基于互联网的直播形式开始出现。自此以后，直播还囊括了"网络直播"。

当下俗称的"直播"，即网络直播，也叫互联网直播，是指用户在 PC（个人电脑）端或移动端安装直播软件后，利用摄像头对某个事物、事件或场景进行实时记录，并在直播平台实时呈现，同时，其他用户可以在直播平台直接观看并与主播实时互动。

相对于过去静态的图文内容，如今的直播主要以视频的形式向用户传递信息，表现形式也更加立体，且能实现实时互动，因而更容易吸引用户的注意力，继而得到了蓬勃发展。

（二）电商直播内涵

电商直播作为内容电商的新形式，其"现场＋同场＋互动"的本质特点，实现了内容多维度升级，能够通过更紧密互动与用户建立起难得的、更为长久的"信任感"，从而更好地输出品牌价值，真正实现"品效合一"。在移动通信技术高速发展的助推下，电商直播应运而生。

所谓电商直播，是指主播，包括明星、KOL（关键意见领袖）、KOC（关键意见消费者）等借助视频直播形式推荐商品并实现"品效合一"的新兴电商形式。

电商直播是视频直播这一新型传播方式与电商行业的有机融合，是一种全新的电商形式。其主播来源多样化，交易效率得到显著提升，不仅能够更好地实现交易，还能通过构建价值认同感来实现品牌传播。

二、电商直播的本质

在当前物质极为丰富的背景下，用户已经不再满足于单纯依据商品价格和商品的功能参数做判断的消费方式。现阶段，用户更关注消费过程中的体验，且越来越多的用户希望获取更多的知识性、专业性的信息内容为购买行为做决策参考。因此，电商直播的本质是消费场景的升级，而消费场景的升级的背后则是用户需求的升级，电商直播通过构建新的消费场景，洞察消费者需求并做出消费引导，让商业与情感的传递更为紧密，进而更好满足用户需求。

三、电商直播的主要特点及优势

（一）电商直播的主要特点

1. 强互动性

电商直播具有"现场＋同场＋互动"的特点，主播在直播现场可以与其他用户同场沟通，及时互动，这种互动性远强于之前的移动电商和社交电商，也更容易获得用户的信任感。

2. 强 IP 属性

IP（Intellectual Property）是知识产权的简称。在电商直播中，强 IP 属性指主播在用户心智中有独特的标签，是情感寄托对象。商业领袖、明星以及职业带货主播等，无不具有很强的 IP 属性。

3. 高度去中心化

从事电商直播的主播数量庞大、类型丰富多元，主播除了电商平台的公域流量外还有自己的私域流量。整体来说，电商直播去中心化更加明显，也为更多的主播提供了更多运营自身品牌、粉丝的机会和可能性。

（二）电商直播的优势

电商直播是对之前电商渠道的"人—货—场"的转型升级，核心则是基于用户生命周期管理构建新的营销体系和建立起与用户的深度联结。

1. 更好体现 4Cs 营销理论 [①] 的优势

在移动互联网时代，电商直播更明显地体现 4Cs 营销理论的优势：以用户为中心，用户体验更好，用户通过直播场景可购买高性价比产品，省去中间商赚差价，成本更低，厂家和用户之间的触达更为便利，且带有很强 IP 属性的主播能与用户建立起高度的信任，沟通效果更好。

2. 更能获得用户的信任感

主播以有趣、有用的内容营销更容易赢得用户的信任和托付且效果更好。直播带货的主播具有很强的 IP 属性，且与用户之间频繁、高效互动，因此用户的信任感更强。

3. 更好帮助传统企业进行彻底的互联网转型

传统企业转型的途径就是"网络协同 + 数据智能"的数据智能化升级，而数据智能化升级的核心是建立起用户联结并对用户进行全方位、全生命周期画像、互动、价值创造。要与用户建立联结，就必须构建用户流量池，即建立起真正属于企业自身的私域流量池。而电商直播能够更好吸引用户，进而把用户转化为企业自身的私域流量，这将极大地助力企业数据智能化升级。

---

① 又称"4C 营销理论"，4Cs 指市场营销组合的四个基本要素，即消费者（Consumer）、成本（Cost）、便利（Convenience）和沟通（Communication）。

任务二　电商直播前景分析

一、电商直播带来四大巨变

电商直播符合时代需求，带来了四大重要变化。

（一）渠道重构：从"人找货"向"货找人"转变

电商直播迎合消费变化规律。传统搜索式电商发展到内容电商，模式开始进化，实现了从"人找货"到"货找人"的转变。这种模式增强了及时性、互动性，节省了消费者的购物时间，并使其享有更优惠的价格。

"人找货"模式："给你想要的"。传统电商以图文、短视频等作为电商平台的内容展示形式，被动等待消费者进入电商平台搜索。消费者根据自己的需求到电商平台进行匹配，匹配成功即成交。

"货找人"模式："你应该买什么"。直播场景化营销变现的同时将流量引入相应直播平台，主播通过个人品牌效应增强与粉丝之间的信任感，在带货过程中创造新的消费需求，实现观众从粉丝到消费者的转变。在"货找人"模式中，既有原电商平台内容化，如淘宝直播、京东直播，也有内容平台电商化，如快手直播、抖音直播、小红书直播等。后者通过"图文短视频＋直播"双向带货，形成创作、传播、变现的完整闭环。

依照货品类型、成熟度、促销模式的不同，每一种货都有不同的销售路径。成功的直播带货都是人、货、场三者的完美结合，任何一个地方不适配都会造成难以想象的后果。人、货、场的适配如图1-1所示。

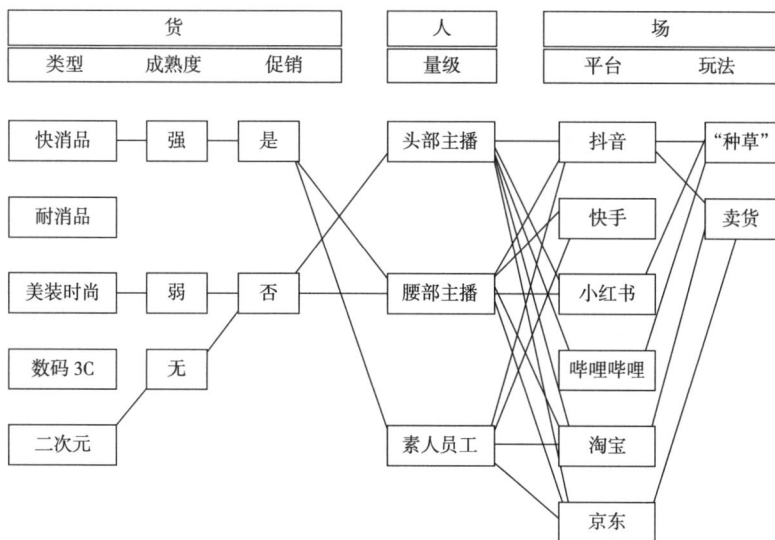

图 1-1 人、货、场的适配

电商直播凭借"所见即所得"的互动、即时属性，正成为一种新渠道模式并快速崛起。

随着电商直播的发展，用户的沉淀会引起消费习惯的改变。很多人在刚开始接触电商直播时，可能会购买非必需品，但是随着观看次数的增多，其可能将通过电商直播购物作为购买生活必需品的重要方式。这样，用户的黏性和客单价都可能提高。用户购物习惯的变迁如图 1-2 所示。

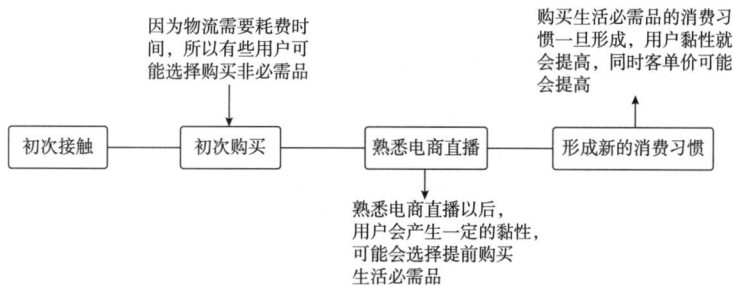

图 1-2 用户购物习惯的变迁

（二）营销重构：内容营销从图文向双向互动视频的转变

为促成品牌方的精准营销与高效转化，电商直播把传统电商的图文营销转变为双向互动视频营销。传统网购模式中，商品多以图文形式展示，是商家对消费者的单向输出，而电商直播模式则是通过视频直播互动形式更直观、更真切、更立体进行商品展示，加强主播与消费者之间的互动性，有助于消费者更好了解产品特征与用途，增强参与感和体验感，产生信任感和购买欲。比如，某植物店铺的主播在直播时提到，"我们在直播中不仅会详细讲解绿植的习性、种植土壤的选择等，也会及时解答盆栽适宜摆放的位置、施肥浇水的频率等买家感兴趣的问题"。在电商直播中，主播起到关键作用，他们能较好地挖掘产品卖点，提升销售转化率。作为某一领域的意见领袖，主播往往了解更多、更准确的产品信息，对某些品类具有更深的消费认知和更多的消费体验，其在直播过程中往往能够更好地突出产品的卖点，并通过新奇、有趣、强互动性的内容，吸引消费者注意力，有效提高销售转化率。

电商直播让人们进入"网红"经济时代，"网红"主播本身也作为一种新的营销渠道，吸引品牌商加大广告投放力度。典型的 KOL 营销路径如图 1-3 所示，通常会包括"触发—引爆—持续影响—转化变现—体验分享—再次触发"这样一个完整闭环。

②引爆
内容类型：创意测评、定期盘点、剧情软性植入等
目的：深挖明星、大V①话题热点，扩散话题宣传

①触发
内容类型：开箱、爱用好物分享等
目的：深化用户对产品关注，制造话题热度

③持续影响
内容类型：线上——化妆教学、测评、挑战；线下——邀约参与活动，如品牌溯源之旅
目的：深度传递产品优势，增强背书信任

⑤体验分享
内容类型：体验晒单
目的：激发UGC②众创，口口相传

④转化变现
内容类型：通过大促带流量，以实现直播带货，使消费者边看边买
目的：全力导流，助力销量

图 1-3 KOL 营销路径

① 公众平台上获得个人认证及拥有众多粉丝的用户。
② 用户生成内容。

营销已不再局限于固有的电视广告、品牌广告，而是衍生出多种形式，从简单的图文营销，到短视频营销，再到 KOL、KOC 直播等形式，新的营销模式层出不穷，但核心都是品牌营销理念围绕内容的重构，最终目的是通过新奇、有趣、强互动性的内容，更好地吸引消费者注意力，提升品牌认知，最终完成销售转化。

（三）体验重构：从线上"封闭式窗口"向"交互式开放"转变

电商直播重构消费体验，实现了从线上"封闭式窗口"体验向"交互式开放"体验转变，从传统网上搜索到电商直播，交互感更浓，亲和力更强，参与度更多，这些无疑都是电商直播俘获消费者的优势。

直播间里，主播们实时展示商品，以自己的专业讲解和信誉背书，为消费者们降低了选购商品的时间成本，让消费者拥有既便捷又不乏体验感的购物经历。很多人看直播时，不时与主播互动，了解产品详情，在主播演示后，轻松下单。消费者不用浪费大量的时间去挑选，也不用费尽心思比价。

对于商家而言，"内容＋直播＋电商"的模式让优质店铺更容易脱颖而出，逐渐摆脱传统电商竞价广告的泥潭。

"主播，请推荐一款适合长跑、性价比高的运动鞋。""好，您可以选择 1 号链接里的运动鞋加上 3 号链接里的袜子，直接凑够满减，再叠加使用购物补贴，这样买最划算！"

这是主播与消费者之间的一次问答互动。通过这样具有亲和力的互动，消费者降低了选择成本。随着产品品类不断增多，虽然消费者有了更多的选择，但在一定程度上挑选、比价等时间成本增加。因此，带货主播不仅要把好选品关，还需主动帮消费者进行优惠计算和推荐。对消费者而言，这样能在最短的时间内购买主播提前选择好的物美价廉的产品；对主播和商家而言，用户的黏性不断增强，最终会提高产品的销售转化率。

（四）模式重构：实时大流量，高转化，短渠道，反向定制

电商直播带来模式重构，实现实时大流量、高转化、短渠道、反向定制。

1.实时大流量

电商直播采取 KOL、达人等主播带货模式，由于这类人本身自带流量，通过平台推广，可以给品牌方带来庞大的实时流量。主播带货是非常典型的渠道与营销合

一的新模式，对品牌方而言，对 KOL、达人的营销投放诉求，已由原先单纯激发兴趣、"种草"，逐步向带货转化、商品销售过渡，当前不少品牌都将新品首发场地移到淘宝直播间，将渠道与营销合在一起。

2. 高转化

在电商直播中，主播非常关键，他们会提前了解产品性能、挖掘产品卖点，进行详细研究，提升销售转化。作为某一领域的意见领袖，主播往往对某些品类具有更深的消费认知和体验，直播过程中往往能够更好地突出产品的亮点，更好地吸引消费者注意力，有效提高销售转化率。

3. 短渠道：渠道和营销合一，消费者购买决策链条缩短

图 1-4 为传统购买决策流程与电商直播下的购买决策流程对比。在传统购买决策流程中，消费者决定购买某类产品通常始于"需求产生"，在主动"收集信息""比价评估"后，"决定购买"，最后完成"使用评价"，这五步形成一个完整流程。而电商直播下的购买决策流程中，消费者在主播介绍后"产生好奇"，直接"购买尝试""使用分享"，在这个流程中，由于消费者对主播信任，省去了"收集信息""比价评估"两个环节，缩短了消费决策链条。

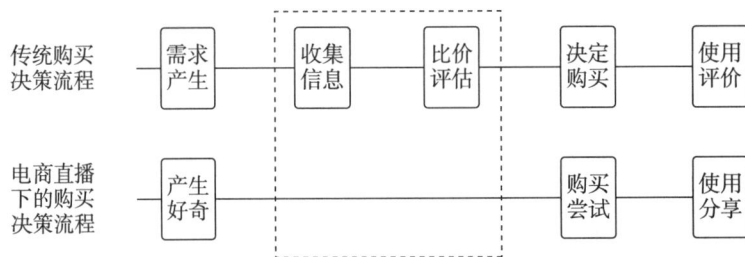

图 1-4　传统购买决策流程与电商直播下的购买决策流程对比

随着 KOL 带货、社交电商等新模式的崛起，渠道与营销之间的边界变得越来越模糊，消费者的购买决策链条不断缩短。编者认为，这一趋势对传统的渠道与营销割裂的线下实体销售将形成较大冲击，更加利于渠道与营销链条较短的线上销售，KOL 带货、社交电商等作为"网红"经济的重要表现形式，因社交互动性强、转化率高等优势，正快速崛起。

4. 反向定制

电商直播中的头部主播，带货能力惊人，KOL 的经营模式部分类似于线上版的

Costco（开市客），粉丝即会员，KOL 即买手，通过在选品时严选低价，以及直播时互动营销，来实现商品快速销售。这些头部主播完全可以根据粉丝要求进行采购，并反向定制粉丝喜欢的产品。

二、行业发展前景

（一）国家相关文件为行业发展提供了支撑

近年来，针对直播行业的文件接连出台，提升了直播带货的"门槛"，电商直播行业监管趋于严格。这会增强电商直播规范性，行业将在健康的氛围下实现更快发展。

（二）网上零售额增长进而刺激行业进步

国家统计局数据显示，2021 年，全国网上零售额约 13.1 万亿元，同比增长 14.1%。其中，实物商品网上零售额约 10.8 万亿元，同比增长 12%，占社会消费品零售总额的比重为 24.5%。中国网上零售额增长表明中国电商行业发展的良好态势。作为电商行业创新商业模式的电商直播，也将受益于体量庞大的电商市场。

（三）多因素促进线上电商直播大力发展

受疫情等因素的影响，一些进出口贸易被迫中断，而在这一时期，电商直播等线上经济的繁荣发展，成为有效稳定市场经济发展的工具之一。除此之外，明星等不断加入电商直播，令电商直播模式日益壮大，吸引着线下行业渠道和传统行业入局。不仅家电、乐器、运动户外、家装等商家把直播作为重要运营工具，珠宝、汽车、房产、旅游等产品也开始试水直播业务。在此背景下，电商直播市场规模预计将呈增长态势。

（四）技术进步与新基础设施完善

移动互联网在经历数年的高速成长之后，网民数量也在逐渐增加。

2022 年发布的第 49 次《中国互联网络发展状况统计报告》显示，截至 2021 年 12 月，我国网民规模达 10.32 亿人，互联网普及率达 73%，我国网民人均每周上网时长达到 28.5 个小时。截至 2021 年 12 月，我国网民使用手机上网的比例达

99.7%，手机仍是上网的最主要设备。

2019 年 6 月 6 日，中华人民共和国工业和信息化部正式向中国电信、中国移动、中国联通、中国广电发放 5G 商用牌照，中国正式进入 5G 商用元年。5G 移动通信技术的商用，为电子商务创新提供了更好的基础设施。

2019 年的"双 11"期间，电商直播这一新的电商模式极其火爆。数据显示，2019 年，天猫"双 11"全天，淘宝直播带来的成交金额接近 200 亿元，超过 10 个直播间引导成交金额过亿元，其中家装和消费电子行业直播引导成交金额同比增长均超过 400%，超过 50% 的天猫商家都通过直播获得新增长。在 2020 年，直播带货成为极火热的现象，在淘宝、京东、拼多多等电商平台和抖音、快手等短视频平台的助力下，直播带货席卷各大平台和各个领域。

电子商务的发展和迭代与互联网一样，在短短的 20 多年时间内，经历了若干次重大迭代和创新。究其原因，主要是受基础通信技术（尤其是移动通信技术、互联网技术）、用户数量、创新创业者和资本的影响。

技术与新基础设施的完善是支撑我国电商直播飞速发展的必要条件，电商成熟度的深化，为电商直播发展提供了沃土；移动支付、物流等新基础设施的完善，则进一步助推了相关产业链的崛起。其中移动互联网的发展有效延伸了购物场景，使得主播与消费者、品牌商的距离更近；遍及城乡的物流体系则为电商直播提供了高效的商品配送保障。电商直播上下游产业链如图 1-5 所示，上游是品牌商家，中游

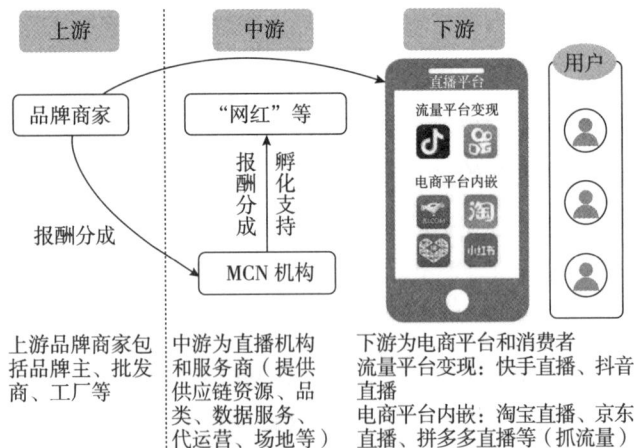

图 1-5　电商直播上下游产业链

是直播机构和服务商，即 MCN① 机构、"网红"等，下游是电商平台和消费者。

小知识：企业为寻求突破推动电商发展

2020 年 4 月 1 日，48 岁的罗永浩再一次转行，在抖音开启了电商主播生涯，三个小时，带货 23 件，支付交易总额 1.1 亿元，创下抖音直播带货新高。

2020 年 5 月 10 日晚，格力电器董事长董明珠再次开启她的直播带货，这次选择的平台是快手。开播仅 30 分钟，3 个产品的销售额就突破了 1 亿元，最终在 3 个小时的直播中，董明珠的这次带货金额定格在了 3.1 亿元。直播结束后董明珠表示，自己打算开一个董明珠直播间，把直播常态化。这距离她上一次在抖音"失败"的带货直播仅仅过去十几天，距离她那句"我依然还是坚持我的线下"也不到一个月。

电商直播的飞速发展使部分主播凭借这一风口顺利"起飞"，获得了巨大的回报，而且使得许多企业从中获利。大部分企业全力拓展电商直播领域，以期获得更大的经济效益。

●>> 实训任务

[任务名称]

电商直播前景分析

[任务背景]

某公司准备开启电商直播业务，想要开展一次关于电商直播活动的问卷调查，如果你是一名实习生，你会如何开展这项工作？请将具体的内容写出来，进行分组讨论。

---

① Multi-Channel Network 的缩写，MCN 机构即网红孵化机构。

[实训目的]

（1）了解直播活动。

（2）了解电商直播。

（3）了解电商直播需要做的工作。

[实训要求]

（1）能够根据要求，进行与电商直播有关的前期工作。

（2）能够通过直播准备工作，进一步了解电商直播。

●>> 考核评价

学生分组学习本模块，每小组4~6人。学习完本模块后，各小组成员进行自评（优、良、差），并填写考核评价表。

考核评价表

模块名称	考核内容	学生自查
直播准备	了解直播活动	
	熟悉电商直播的发展前景	
	说出2个日常生活中常见的有电商直播业务的公司名称，并对其直播活动进行分析	
	说出3个以直播带货为主的直播平台	
体会与收获：		

模块二　直播平台入驻

情景导入

说起直播带货，大多数人可能只听说过头部淘宝主播，或者听说过抖音主播。但是，直播带货平台不只有淘宝、抖音，快手、京东都可以直播带货，实现了直播和商品之间的无缝连接。

任务分析

直播平台与主播之间的关系是网络服务提供者与网络用户之间的一种商业合作关系，二者之间通过这种商业合作，共享视频网站提供的网络平台和主播为其他网络用户提供服务所带来的利益。平台为主播提供了展示的空间，主播为平台的发展贡献了自己的力量，两者相辅相成，缺一不可。

任务一 认识常见直播平台

直播平台数量较多，通过直播展示自己或者通过直播带货，早已不再是陌生的事。正是因为平台众多，所以企业需要从中选出适合自己的平台，最终才能形成长久直播与合作。因此，要先来了解几个常见的直播平台。

一、抖音

抖音，是由北京抖音信息服务有限公司孵化的一款音乐创意短视频社交软件。该软件于 2016 年 9 月上线，是一个面向全年龄层用户的音乐短视频平台。它以六大特性（广泛性、精准性、便捷性、快速性、社交性、持续性）和四力（传播力、引导力、影响力、公信力）来判断短视频是否具备传播价值。

抖音以短视频加音乐的形式将各种题材的内容传输给用户，用户可以观看大量丰富多彩、创新与趣味并存的优质内容，并且因为平台上主要是短视频，占用的时间短，不易引起用户不耐烦。

目前抖音许多短视频很容易让用户群体产生情感共鸣，找到志同道合的朋友，间接增强用户与用户之间的互动。用户的社交需求得以满足，就会提高对抖音的满意度，抖音从而增强用户黏性。

（一）抖音用户群体

根据互联网抖音用户数据分析，抖音的用户群体地域位置最主要集中在一、二线城市，年龄层次主要为 20~30 岁左右的年轻人（"95 后""00 后"），受教育程度主要集中在本科以上，用户群体消费能力较强。

抖音一直以来的运营模式是聘请流量高且受年轻人喜爱的明星入驻平台，通过赞助年轻人比较喜欢的娱乐节目进行广告宣传来吸引更多的年轻用户群体关注抖音。

（二）抖音平台特点

1. 智能算法精准推送

抖音后台基于智能算法，根据用户的个人兴趣与喜好、浏览历史，进行个性化内容推送，减少对用户的干扰，还可以帮助广告主找到精准用户。

2. 表达内容"草根"化

抖音用户均可以根据意愿和期望目标自行创作剧本，拍摄短视频并上传，展示个性、施展才能、表达观点，以此获得他人的关注和认可。

3. 传播内容本土化

国内版抖音的传播内容立足国内，有丰富的本土化创作主题。

4. 平台流量大

抖音平台的用户量大。据报道，2021 年第一季度"抖音主站 + 抖音极速版 + 抖音火山版"三个端口的日活峰值接近 7 亿人次，平均值超 6 亿人次。抖音用户边界不断拓展，用户更加丰富多元化，用户活跃度高、使用频次高，抖音平台的用户黏度强。抖音日活用户数据如图 2-1 所示。

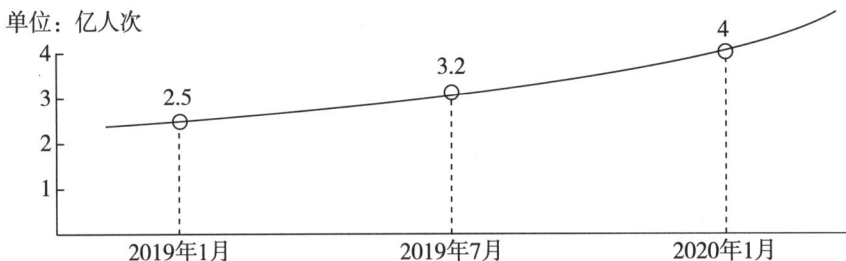

图 2-1 抖音日活用户数据

资料来源：《2019 抖音数据报告》。

小知识

　　为了能够快速吸引流量，有人采取了"博眼球"的方式，但这些方式往往涉及侵权、负能量，甚至违反法律法规。抖音在社区规则中对此类现象明令禁止。抖音的社区规则并非一成不变，而是在不断完善。

二、快手

　　快手是北京快手科技有限公司旗下的产品。快手的前身叫"GIF快手"，诞生于2011年3月，最初是一款用来制作、分享GIF（图形交换格式）图片的手机应用。2012年11月，快手从纯粹的工具应用转型为短视频社区，成为用户记录和分享生活的平台。后来随着智能手机的普及和移动流量成本的下降，快手在2015年以后迎来大市场。

　　快手本身是一个短视频平台，直播是其衍生功能，因为电商直播比较火热，所以快手也加入电商直播大军。快手电商平台推出"源头好货"，主打货源低价策略。快手电商平台为上游提供了一个专门的下游渠道，再通过中游（MCN机构＋主播）联动，最终形成产业链闭环。2020年11月5日，快手正式向香港联交所递交IPO（首次公开募股）招股书，冲击"短视频第一股"。

（一）快手用户群体

　　调查显示，快手用户群体主要集中在三、四线城市及农村，呈现年轻化特征，24岁及以下的人群和25~30岁的人群占比分别达到了49.81%、27.48%，且男性用户占据了较高的比重。快手使用人群的月收入在5000元以下的占比约为三分之二，这与快手坚持"专注普通人的生活，给普通人展示自己的舞台"有关（见图2-2）。

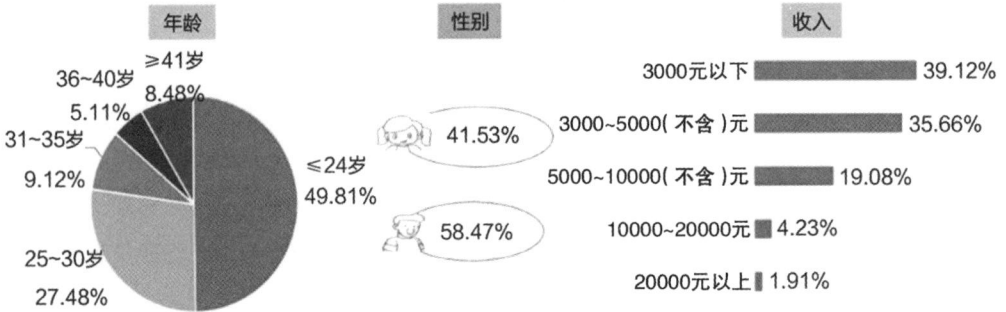

图2-2 2020年10月中国快手用户画像

资料来源：艾媒网，2021年1月29日。

（二）快手平台特点

1. 市场以乡镇为主

在快手上有大量工厂、原产地、产业链上的主播，他们的直播内容也紧紧围绕自身属性。比如，很多主播会直播自家的果园、档口、店面，强调产品源自"自家工厂"，这种直接展现产品源头、产品产地的卖货方式，可以让消费者对产品有更直观了解，从而提升他们对产品的好感度和忠诚度。下沉市场的用户黏性极高，有助于提升转化率。而且下沉市场的高渗透率，恰恰避开了一、二线城市的流量红利，使得快手在三线及以下城市的带货力得以发挥到最大。

2. "普惠式"算法

快手作为短视频内容输出App（应用程序），一直秉承去中心化的底层设计理念，虽然之前有被央视点名过的历史，但是快手整改及时，并反思了算法缺陷，同时扩充了自己的审核团队，力争让每个普通人看得见的初衷。就是这种"普惠式"的算法，才使得很多做内容电商的商家崛起，因为一个新用户的内容不会石沉大海，哪怕只有极少的播放量，也会让新用户受到极大的鼓舞，继续在快手平台创作传播自己的内容。

3. 超级日活用户数量

快手在2020年平均日活跃用户为2.646亿个，每位日活跃用户日均使用时间长达87.3分钟。截至2021年第三季度，快手平均日活跃用户3.2亿个，数字惊人。

4. 用户黏性强

快手拥有独特的"老铁经济"，带来了极高的电商转化率。老铁之间的强信任关系，让快手电商直播的平均转化率在 30% 左右。

此外，快手相较于其他平台有着天然的主播矩阵优势。"家族文化"和"师徒文化"构建起许多受众庞大的主播矩阵。主播号召力强，粉丝忠诚度高，快手主播矩阵是直播界的强力军。

5. 快手电商的平台配置、"门槛"低，全民带货

快手无论是在界面还是流程设置上都方便操作且鼓励用户开通并进行直播，商家或个人用户都有机会在快手平台上实现价值并通过努力得到相应的回报。

三、淘宝

淘宝直播是阿里巴巴推出的直播平台，定位于"消费类直播"，用户可边看边买，涵盖的品类包括母婴、美妆等。从本质上讲，淘宝是一个购物的平台，其主要用户是有精准目的的人。这类人群因为有着购物目标才会打开淘宝，这就使得淘宝直播的主播更类似于"导购员"的角色，这属于用户挑选商家的模式。主播通过淘宝直播平台，可以"光明正大"地推广自己的产品，因为淘宝本来就是卖产品的，而来到淘宝看直播的人，已经从心理上接受购物这个概念，所以淘宝的直播转化率比较高。

淘宝直播的特点是产品覆盖广、市场覆盖广、强电商弱娱乐。淘宝直播品类丰富，主播主要时间都在忙着卖货，基本没有时间和精力研究娱乐性质的内容。

淘宝作为电商界的龙头，对于主播和 MCN 机构的吸引力都是最强的。2020 年，淘宝有 177 位主播带货过亿元。淘宝为优质中小主播开放支持计划，其中重要的一项就是帮助优质主播对接 MCN 机构。平台筛选过后的主播再接受专业团队的包装运营，不仅能为 MCN 机构的主播矩阵提供新生力量，也让 MCN 机构与平台的联系更加紧密。2020 年主播数量比 2019 年增长了几倍（见图 2-3）。

（一）淘宝用户群体

从年龄上来看，淘宝直播用户群体主要集中在"80 后""90 后"，之后是"70后"，"00 后"也占了相当的比重。从城市分布上来看，淘宝直播在一线城市的用户较多。用户偏好上，"70 后"用户更偏好家纺、家居、家电等类目，"90 后"更偏

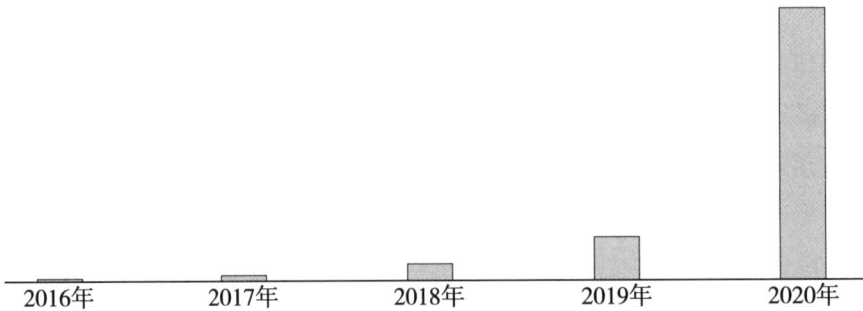

图 2-3　淘宝直播年度主播数量

资料来源：《淘宝直播 2021 年度报告》。

好美妆产品，"00 后"尤其偏好 3C 数码、运动户外。一、二线城市更偏好美妆、本地生活，五、六线城市更偏好女装。

（二）淘宝平台特点

1. 直播品类多，受众范围广

淘宝直播是淘宝平台孵化的直播平台，依托淘宝电商平台资源，淘宝直播基本覆盖了所有行业类目，受众范围非常广泛。目前直播带货形式得到大家普遍认可，几乎所有淘宝商家都开通直播功能。

2. 及时性

淘宝直播平台具有很强的及时性，用户无论是在直播中通过评论留言和主播进行沟通，还是通过客服功能进行沟通咨询或寻求售后服务，都能够获得相对及时的回复，用户体验好，对转化率有很大的帮助。

3. 互动性

淘宝直播信息交互具有极强的互动性，目前淘宝直播的主播大多承担了线下导购的角色，为用户介绍产品、解答疑问、引导下单，此外平台设计了很多互动功能，用户可以随时参与商家互动。

4. 获取渠道多样

淘宝直播目前支持的获取渠道多样，用户可以通过台式电脑、笔记本电脑、平板电脑、智能手机等渠道获取淘宝直播内容，能够及时在线观看直播。

5. 流量大，后台算法支撑

因为淘宝本身就拥有很精准的购买流量，所以转化率相对较高。另外，淘宝直播是基于大数据算法的，直播效果在后台有一系列数据做支撑，主播可以根据数据对直播进行调整优化。

任务二　直播平台账号创建

一、抖音账号创建

（一）入驻抖音直播

曾经开通抖音直播对粉丝数量有一定要求，但随着直播行业的发展，需求量增多，抖音平台放宽了申请要求。现在申请开通抖音直播只需通过实名认证和绑定手机号码。

（二）开通抖音直播

步骤1：下载抖音App，注册账号

下载最新版本的抖音App，输入手机号码即可注册账号，如图2-4所示。

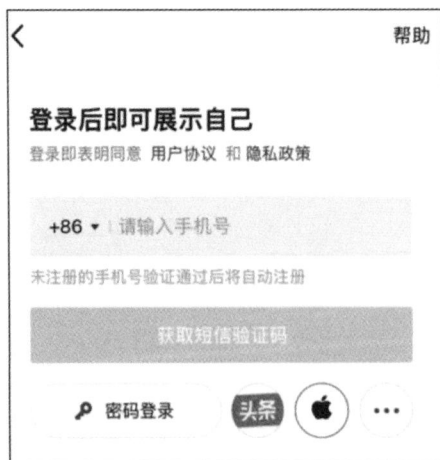

图2-4　注册抖音App账号

步骤 2 : 完善资料

注册账号后，编辑个人资料，如图 2-5 所示。

步骤 3 : 实名认证

进入首页，完成实名认证，如图 2-6 所示。开播前进行实名认证，是国家政策的要求，也是规范直播的一种行为，能更好保障网络安全，防止网络诈骗，避免传播不正当的内容，这也是平台规避风险的策略。

图 2-5　编辑个人资料

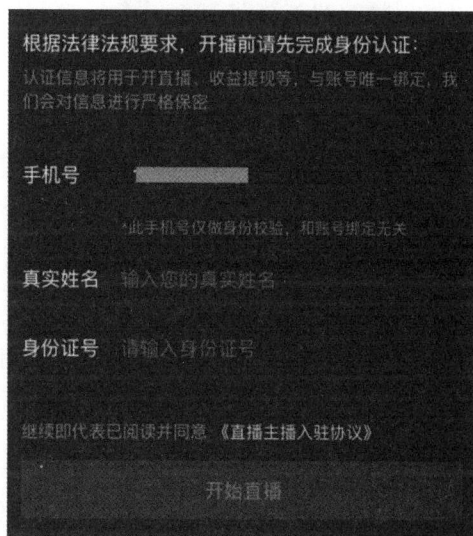

图 2-6　实名认证

步骤 4 : 开通直播

开通直播的方法如下。

- 点击首页底部 "+"，如图 2-7 所示。
- 滑动页面底部的拍摄模式至 "开始视频直播"，如图 2-8 所示。
- 点击 "开始视频直播" 按键即可。

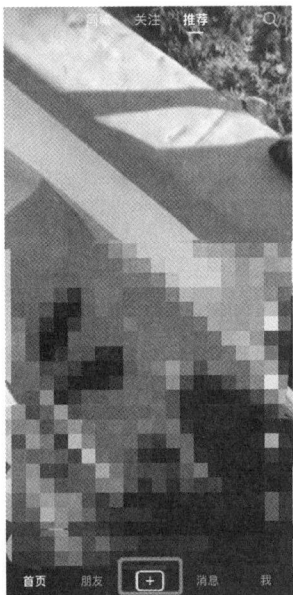

图2-7 点击首页底部"+"

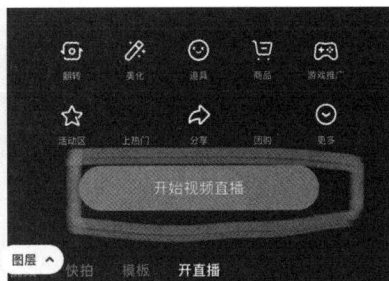

图2-8 开始视频直播

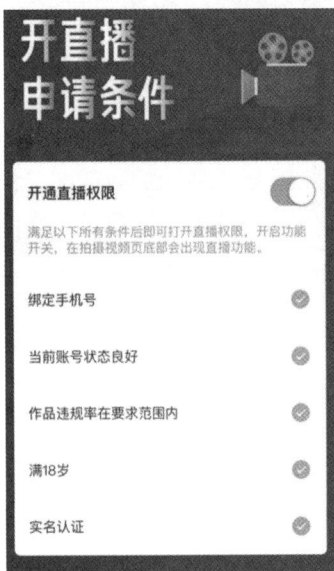

图2-9 快手开直播申请条件

二、快手直播账号的创建

(一)入驻快手直播

在快手直播的申请页面中清晰列举了开通条件，分别是绑定手机号、当前账号状态良好、作品违规率在要求范围内、满18岁、实名认证（见图2-9）。用户下载快手App，满足以上条件即可申请开直播。

(二)开通快手直播

开通快手直播时，应先登录快手账号，查看账号是否满足开通直播的条件，满足条件即可开通。具体开通流程如图2-10所示。

登录账号 ➡ 满足条件 ➡ 开通直播

图2-10 开通流程

步骤 1：登录账号

下载快手 App 最新版本，已有快手账号的则输入手机号码及验证码进行登录。

步骤 2：满足条件

查看账号是否满足快手直播的开通条件，全部满足即可开通直播功能。

步骤 3：开通直播

打开快手 App，点击 App 左上角的小图标，如图 2-11 所示，打开侧边栏后点击右下角"设置"按钮（见图 2-12），点击"开通直播"按钮（见图 2-13）。

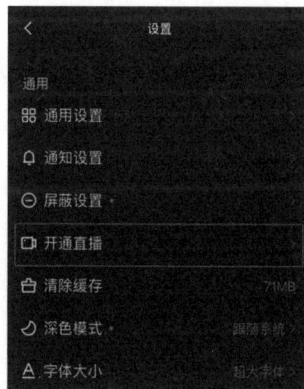

图 2-11 点开图标   图 2-12 设置   图 2-13 开通直播

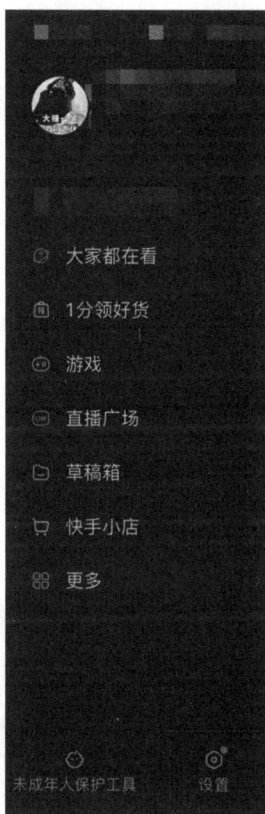

三、淘宝直播账号的创建

在申请入驻淘宝直播时，需要先进行淘宝主播入驻，入驻完成后即可创建淘宝直播账号。

步骤 1：登录淘宝直播 App 账号

下载最新版淘宝直播 App，输入需要入驻淘宝直播的账号、密码，如图 2-14 所示。

图 2-14　淘宝主播登录界面

步骤 2：进入淘宝主播首页

登录后，进入"淘宝主播"首页。

步骤 3：点击"主播入驻"按钮

点击"主播入驻"按钮，如图 2-15 所示。

图 2-15　主播入驻

步骤 4：进行实人认证

根据指引进行实人认证，如图 2-16 所示。

实人认证是指平台通过技术手段识别店铺经营者，对卖家的身份信息进行确认，杜绝卖家利用伪造身份信息来开店、盗用别人店铺账号进行违法经营、骗取或购买别人的店铺信息继续运作等行为。

图 2-16 实人认证

步骤 5：上传资料，完成入驻

通过实人认证后，根据指引进入资料填写页面，上传主播头像、主播昵称，点
选同意以下协议单选按钮，即可完成入驻，如图 2-17 所示。

图 2-17 完成入驻

任务三　直播账号"吸粉"

直播账号想要"吸粉"，要重点关注以下几点。

一、账号定位清晰

直播账号的定位非常重要，内容要主题明确，与账号的标签定位一致，这样才能吸引核心的用户群体。同时作品的内容应该围绕账号定位来设计，并保持内容和账号的一致性。

二、内容为王

创作者要想收获更多的粉丝，吸引粉丝的关注，虽然也可以从宣传推广等方面入手，但最根本的还是要提高短视频的内容质量。并不是按时发布短视频、为其配一些热门音乐就算运营。看一看平台上那些格外火的短视频，它们成为爆款并不是毫无理由的。

大多数个人号的创作者在初期一般都没有团队，所以其同时是运营者。有些人虽然会参考平台中的热门短视频，但只是浮于表面，并没有真正看到其优势之处。

例如，有的创作者看到宠物类短视频很火，简单看了几条便认为只要拍一段关于可爱小动物的短视频并发布出去就好，结果短视频收获的点赞量却远低于预期，这完全是因为运营者并没有充分理解爆款短视频所具备的特点。

虽说让作品带有爆款的特点并不能保证作品一定会"吸粉"，但也好过毫无规划。梳理平台上热门的几类作品，可以总结出爆款短视频的基本特点，具体如

图 2-18 所示。

图 2-18 爆款短视频的基本特点

（一）新颖独特

新颖独特是账号"吸粉"的核心特点。各大平台对原创作品持鼓励、支持的态度，所以新颖独特的作品在质量过关的前提下更容易获得推荐。因为用户的目的很单纯，他们想要看到更多新颖有趣的内容。

优秀的创作者能创作出视角独特的作品，不会让用户产生"这个情节好眼熟"的感觉。这类创作者多集中于搞笑领域，头部作品总能戳中用户的笑点。不过，对新人来说，要想达到这种水平并不容易。无论如何，运营者都要有独立创作的意识，不能一直走模仿路线。

（二）互动性强

怎样才能让自己的作品上热门？爆款作品的点赞量、评论量都很高。要想打造一个综合价值较高的账号，就不能漏掉任何一个环节，一定要保证评论量也可以升上去，所以作品的内容一定要体现出互动性较强的特点。

有些作品会向用户提出一些问题或者提供一些选项。例如，"你更喜欢看哪种类型的电影？"这类问题很容易引发互动。必要时，也可以在短视频的内容中埋下一两个讨论点，但要注意把控好度，不要让互动变成争吵。

（三）容易激发共鸣

心灵鸡汤类的内容在各平台上较受欢迎。不过，要想提高内容的质量，运营者就不能一直停留在只是配一些伤感音乐、简单文字这样的水平上，还要引起用户的深深共鸣。当然，容易激发共鸣并不是心灵鸡汤类短视频独有的特点，很多其他类型的作品同样具有这一特点。

从表面上来看，激发共鸣的"杀伤力"并不大，但如果创作者能力到位、内容切入角度恰到好处，那么作品所产生的效果往往会超乎想象。当用户受到触动的时候，他们往往会给出自己的反馈，与账号互动，这对账号的长远发展来说是十分有利的。

创作容易激发共鸣的作品有一定的难度，但回报往往十分丰厚。不过，创作者要避免内容的基调过于灰暗，因为这不符合各大直播平台的整体风格。

（四）便于传播

通常来说，爆款作品的传播范围十分广泛，用户看完这类短视频后会通过各种渠道将其分享给自己的好友。这些作品主要是搞笑类、技巧类内容。

便于传播的短视频具备的特点如图 2-19 所示。第一，有创意、不空泛，用户容易抓住重点，看完之后容易产生自发传播的欲望；第二，包含可供传播的点，如化妆前后效果对比、烟花绽放的那一瞬间等；第三，站在目标用户的角度，符合用户的喜好。

图 2-19　便于传播的短视频具备的特点

（五）容易理解

在各直播平台上，知识和教育领域类短视频的发展速度也比较快，科普类、专业类短视频层出不穷。不过，有些创作者即便真的很了解某些方面的专业知识，其制作的作品却仍然不受欢迎。

造成这种巨大反差的原因往往是内容不容易理解。平台上的内容以娱乐、潮流为主，大部分用户刷短视频主要是为了放松心情，想要通过短视频来深入学习专业知识的人不是特别多。

●>> 案例分析

某主播着手开始直播时发现，直播间的流量很低，观看人数只有 50 人左右，这令他十分费解，因为他每天固定发布短视频，保证账号活跃度。他自认为符合平台以及涨粉的要求，但仍然无法提升人气。这令他苦恼不已。后来，他参加了当地组织的一次电商直播培训后，恍然大悟，原来是之前对平台流量逻辑不是很清楚，导致了"有力打在棉花上"的情况。

快手的流量逻辑是这样的：快手基于"社交＋兴趣"的逻辑进行内容推荐，运用"技术驱动的分发机制"，将粉丝数量被赋予的权重降低，加大了视频质量的权重，因此视频只要质量高，受到足够数量的用户点击就能够登上快手的推荐页。快手的弱运营管控直接"链接"内容创作者与粉丝，增强双方黏性，沉淀私域流量，诞生了信任度较高的"老铁关系"。图 2-20 所示为快手的流量逻辑。所以内容为王。

图 2-20 快手的流量逻辑

三、规划发布频率，更好地吸引粉丝关注

不同类型的作品应该有不同的发布频率。在保证质量的前提下，观点类短视频的发布频率不用特别高，但像美食类、宠物类短视频，发布频率就应相对较高。对新手来说，无论账号定位是什么，都要保证每天发布一条短视频。之所以这样要求，主要是因为以下两点。

（一）"留客"很重要

运营初期是非常关键的。因为在这段时间，创作者可能会通过各种方式积攒一

3 3 333333 333

部分流量，如果发布速度跟不上，用户的期待感就会消退，用户很容易流失。

（二）"按时"更重要

目前热门领域的竞争很激烈，如果创作者因为各种原因无法按时发布短视频，那么同类型的博主是绝对不会放过这个机会的。

●>> 实训任务

[任务名称]

直播平台入驻

[任务背景]

某公司准备加入直播的行列，如果你是该公司的实习生，你会选择在哪个平台直播？将入驻流程与选择原因写出来，进行分组讨论。

[实训目的]

（1）了解直播活动。

（2）了解直播平台入驻的步骤。

[实训要求]

（1）能够根据要求，进行与直播平台入驻有关的准备工作。

（2）能够通过直播平台入驻，进一步了解电商直播。

●>> 考核评价

学生分组学习本模块，每小组 4~6 人。学习完本模块后，各小组成员进行自评（优、良、差），并填写考核评价表。

考核评价表

模块名称	考核内容	学生自查
直播准备	了解直播平台类型	
	熟悉直播平台入驻流程	
体会与收获:		

模块三　直播准备

情景导入

　　人们常说："不打无准备之仗""有备无患"。可见对于任何工作而言，充分的准备都是必要的。而对于直播而言，准备的重要性就更为突出。近几年直播火遍全国，有很多人都想在这个领域分一杯羹。但是一场能够吸引用户的直播一定是付出了很多努力，做了很多准备工作的。那么，直播前的准备工作都有哪些呢？

任务分析

　　想要圆满完成一件事情或者工作，必不可少的一环就是做好准备工作，这是前提，也是不可忽视的一部分。对于电商直播而言，准备主要包括直播间预热、直播间工具准备、主播准备、直播脚本撰写、直播带货商品遴选五部分内容。希望大家通过学习本模块内容，能够将知识内化于心，外化于行，更好地运用在实际的电商直播活动中。

任务一　直播间预热

当今世界处于一个信息碎片化的时代，每时每刻都有海量信息被制造、被传播。直播带货，仅靠自然流量是远远不够的。不仅仅是普通主播，即便是头部主播，也都会提前发布直播预告，为直播活动进行预热。

只有通过多样化的直播间预热措施加大宣传力度，才能吸引更多人进入直播间，达到直播带货的预期目的。

直播间预热的主要方式有以下几种。

一、图文预热

图文预热即将直播活动的宣传文案，通过朋友圈、微博、视频号、公众号等渠道进行发布。一篇好的直播宣传文案应包含以下要素。

第一，主播信息，即主播简介，要突出主播的优势。比如明星主播、"网红"主播等，若是普通主播则要重点展示其个人特色和专业所在。

第二，商品信息，即直播间的商品的简介和直播间概况。

第三，直击痛点。文案要根据目标受众的需求点和痛点来写，从而刺激其购买。

第四，凸显优惠。突出商品的优惠力度，对于优惠方案，可以留下悬念，吸引更多人进入直播间。比如，"正宗烟台红富士，价格低至 1.××元/斤""××茶叶，直播间专享价 ××9 元/克，红包送不停"等。

二、短视频预热

短视频预热是极直观、极有效的一种直播间预热方式，可在短视频中插入直播时间和直播内容，让粉丝了解开播时间。如同图文预热一样，短视频预热也可设置悬念，既可以是价格悬念，又可以是商品悬念，还可以是主播悬念，激发粉丝的好奇心。

预热短视频主要包括以下几类。

第一，纯预告视频。

纯预告短视频要涵盖直播带货活动的基本信息，包括主播信息、商品信息、优惠信息和粉丝福利等。

第二，短视频植入预告。

可在主播的短视频账号发布的日常短视频中，植入相应的直播预告信息，内容要简短、直接，包含悬念，要有一定的吸引力。

植入预告内容最好设置在视频最后，定格直播预告海报，直观地告诉粉丝直播时间和主要内容。

第三，准备直播的花絮。

可以专门拍摄一些准备直播的花絮，将即将出现在直播间的产品、主播、嘉宾以及其他有趣、好玩的信息制作成直播预告片段，为正式直播活动造势引流。

这类视频的封面要精心制作。因为封面图片是吸引更多人进入直播间的重要因素，要设计吸引人的直播封面图片和标题，内容要突出主题、突出福利，同时要避免低俗、恶俗。直播时间也应标注在封面上。

三、站外预热

除了直播平台之外，主播团队可以充分利用一些第三方平台进行直播预告信息的发布，比如微信、微博、小红书、今日头条、西瓜视频等，主播团队成员名下的所有第三方账号都可以充分利用起来，尽可能扩大受众范围。

四、同城定位预热

开启同城定位功能，可以吸引更多同城人进入直播间，本地粉丝是最可能转化为"铁粉"的。

五、定期直播预热

定期直播，一方面可以提升直播账号的权重，另一方面可以通过加深观众印象，使得他们在固定的直播时间主动前来观看。

六、付费宣传预热

除了通过以上免费的预热方式往直播间导流外，有条件的主播还可以尝试付费推广，高效地为直播间吸引更多的精准流量。另外，可以根据直播平台的具体情况，购买直播推广服务来为直播间预热引流。

任务二　直播间工具准备

直播设备是打造高质量直播活动的硬件保障，是直播间必备工具。在直播之前，直播运营人员需要优选直播设备，并将各种设备预先调试到最佳状态。根据直播环境和场景的不同，直播可以分为室内直播和室外直播两种。它们所用的直播设备也有所不同。

一、室内直播常用设备

通常来说，室内直播的常用设备主要有以下几种。

（一）视频摄像头

视频摄像头是形成直播视频的基础设备，目前有带有固定支架的摄像头，也有软管式摄像头，还有可拆卸式摄像头。

带有固定支架的摄像头（见图3-1）可以独立放置于桌面上，或者夹在计算机屏幕上，使用者可以转动摄像头的方向。这种摄像头的优势是比较稳定，有些带有固定支架的摄像头甚至自带防震动装置。

软管式摄像头（见图3-2）带有一个能够随意扭曲的软管支架。这种摄像头上的软管能够多角度自由调节，即使被扭成"S""L"等形状后仍然可以保持固定，可以让主播实现多角度的自由拍摄。

可拆卸式摄像头（见图3-3）是指可以从底盘上拆卸下来的摄像头。单独的摄像头能够被内嵌、对接卡扣在底盘上，主播可以使用支架或其他工具将其固定在屏幕顶端或其他位置。

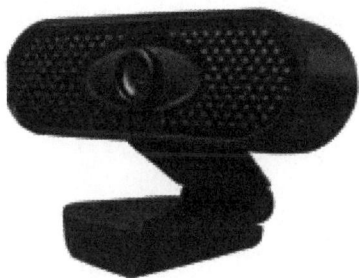

图 3-1 带有固定支架的摄像头

图 3-2 软管式摄像头

图 3-3 可拆卸式摄像头

（二）话筒

除了视频画面外，直播时的音质也直接影响直播的质量，所以话筒的选择也非常重要。目前，话筒主要分为动圈话筒和电容话筒两种。

动圈话筒（见图 3-4）最大的特点是声音清晰，能够将高音最为真实还原。动圈话筒又分为无线动圈话筒和有线动圈话筒，目前大多数的无线动圈话筒支持苹果

图 3-4 动圈话筒

及安卓系统。动圈话筒的不足之处在于收集的声音饱满度较差。

电容话筒（见图3-5）的收音能力极强，音效饱满、圆润，听起来非常舒服，不会产生高音尖锐带来的突兀感。如果直播唱歌，就应该配置一个电容话筒。由于电容话筒的敏感性非常强，容易形成"喷麦"，所以使用时可以给其装上防喷罩。

图 3-5　电容话筒

（三）声卡

声卡是直播时使用的专业的收音和声音增强设备。一台声卡可以连接4个设备，分别是话筒、伴奏用手机或平板电脑、直播用手机和耳机，如图3-6所示。

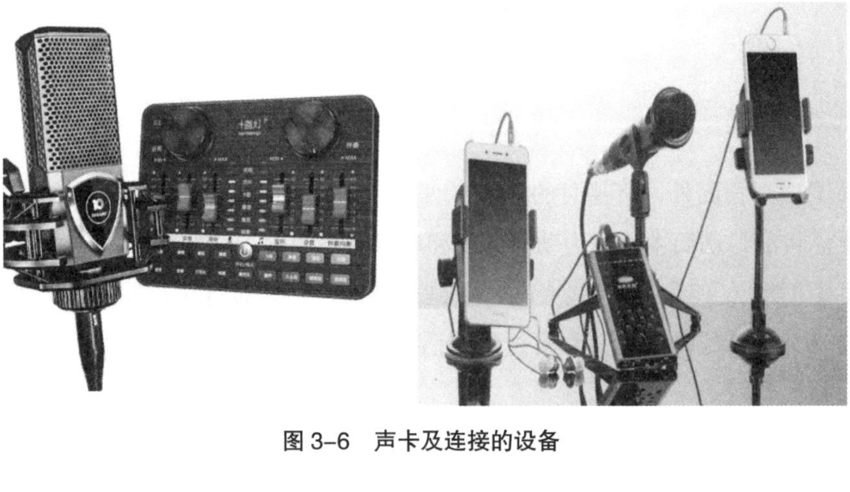

图 3-6　声卡及连接的设备

（四）灯光设备

为了调节直播环境中的光线效果，直播间需要配置灯光设备。图3-7为环形补光灯，图3-8为八角补光灯。对于专业级直播来说，直播间则需要配置专业的灯光组合，如柔光灯、无影灯、美颜灯等，以打造更加精致的直播画面。图 3-9 为直播间常见的灯光布置。

图 3-7 环形补光灯　　图 3-8 八角补光灯　　图 3-9 直播间常见的灯光布置

（五）手机、电脑

手机和电脑可以用来查看直播间评论，与用户进行互动。手机上的摄像头也可以用来拍摄直播画面。若要直播手机屏幕上的内容，则可以在电脑上安装手机投屏软件，然后利用电脑直播。若要直播计算机屏幕上的内容，如直播中需要展示PPT（微软公司的演示文稿软件），可以使用 OBS Studio（一款实时流媒体和屏幕录制软件）。

（1）手机。

直播手机通常是个人日常所用手机之外的专用手机，如果是预算不足的新主播，也可使用自用手机进行直播。

如果预算充足，建议选择各大品牌的旗舰机，内存要足够大，一般不低于128GB，避免直播卡顿。手机应选择性能稳定，音质好、画面相对比较流畅的。

当然，严格意义上讲，当下任何一台主流的智能手机都是可以满足基本直播需求的。

（2）电脑。

中等配置以上的台式机、笔记本电脑都能够满足直播需求。

如果没有出差或户外直播的需求，建议选择台式机，同等预算的机型，台式机性价比会更高一些。

如果预算充足，建议选如下配置：

● 电脑 CPU（中央处理器）在 i5 系列以上，最好是 i7 处理器。

● 台式电脑一定要配置大主板，主板上有空余的 PCI 插槽，可用来插独立声卡。

如果配了小主板的主机，就只能用外置声卡。

● 显卡最好是独立显卡；显示器一般不低于 20 英寸（1 英寸 =2.54 厘米），用有护眼功能的，避免长时间观看屏幕导致眼睛疲劳，笔记本电脑尽量是 14 英寸以上的。

当然，通常电脑配置越高，费用也就越高。可根据费用预算情况，酌情进行配置。

（六）支架

支架用来放置摄像头、手机或话筒，它既能解放主播的双手，让主播可以做一些动作，又能增强摄像头、手机、话筒的稳定性。图 3-10 为摄像头三脚支架，图 3-11 为手机支架，图 3-12 为话筒支架。

图 3-10　摄像头三脚支架　　　图 3-11　手机支架　　　图 3-12　话筒支架

（七）网络

室内直播时，如果条件允许，尽量使用有线网络，因为有线网络的稳定性和抗干扰性要优于无线网络。若室内有无线网络且连接设备较少，网络质量较佳，也可以选择使用室内无线网络进行直播。当无线网络不能满足直播需要时，也可以使用移动 4G 或 5G 网络。

二、室外直播常用设备

现在有越来越多的主播选择到室外进行直播，以求给用户带来不一样的视觉体验。室外直播的环境更加复杂，需要配置的常用直播设备主要有以下几种。

（一）手机

手机是室外直播的首选，但不是每款手机都适合做室外直播。进行室外直播的手机，CPU 和摄像头配置要高，可以选用中高端配置的手机。只有 CPU 性能够强，才能满足直播过程中的高编码要求，解决直播软件的兼容性问题。

（二）收音设备

室外直播时，如果周围的声音比较嘈杂，就需要外接收音设备来辅助收音。收音设备分为两种：第一种是蓝牙耳机；第二种是外接线缆，比较适合对多人进行采访时使用。图 3-13 为收音设备。

图 3-13　收音设备

（三）上网流量卡

网络问题是室外直播首先要解决的问题，因为网络状况对直播画面的流畅程度有着非常直接的影响。如果网络状况较差，就会导致直播画面出现卡顿，甚至出现黑屏的情况，这会严重影响用户的观看体验。因此，为了保证室外直播的流畅度，主播要配置信号稳定、流量充足、网速快的上网流量卡。

户外直播需要确保网络信号的通畅与稳定，一般可以携带随身 Wi-Fi（见图 3-14）来解决直播中的网络问题，如果手机支持双卡，也可配一个大流量卡，这样更加方便。

图 3-14　随身 Wi-Fi

（四）手持稳定器

在室外做直播，主播通常需要到处走动，一旦走动，镜头容易抖动，这样必定会影响用户的观看体验。虽然有些手机具有防抖功能，但是防抖效果毕竟有限，拍出来的画面质量不够稳定，影响观众的观看体验和直播效果。这时需要主播配置手持稳定器来保证拍摄效果。目前，质量较好的稳定器价位一般在 1000~2000 元，可结合个人需求进行选购。

（五）运动相机

在室外进行直播时，如果主播不满足于手机的拍摄视角，可以使用运动相机来拍摄。运动相机是一种便携式的小型防尘、防震、防水相机。它体积小巧，佩戴方式多样，拥有广阔的拍摄视角，还可以拍摄慢速镜头。主播可以在一些运动中使用运动相机进行拍摄。

（六）自拍杆

使用自拍杆能够有效避免"大头"画面的出现，从而让直播画面呈现得更加完整，更具有空间感。

就室外直播来说，带美颜补光灯的自拍杆和能够多角度自由翻转的自拍杆更受欢迎。

（七）移动电源

目前室外直播的主流设备是手机，手机的便携性大大提高了直播效率，但使用手机进行直播对手机的续航能力是极大的考验，因此移动电源是室外直播的必备设备。经实测，直播手机电量剩余 50% 左右时就必须开始充电，以剩余电量的续航时间换取充电时间，满足后续直播用电，以免直播因电量不足而中断。

任务三 主播准备

直播一次又一次刷新人们的想象，每场直播的 GMV（商品交易总额）数据是主播的综合能力的体现。一个优秀的主播是直播成功的关键因素之一。在一些直播间，观众都是冲着主播这个人去买产品的。

主播不仅是一个能很好介绍产品信息的专业"产品推荐官"，更是一个能调动直播间氛围的人。一个优秀的带货主播，必须是一个有感染力、引导力、场控力、氛围营造力的多面手。

在电商直播产业链中，主播基于直播平台面向消费者进行直播，在直播过程中推荐、销售商品，通过 MCN 机构对接品牌商或直接对接品牌商获得服务费和平台的销售分成。

主播是传统商业导购人员的升级版，是品牌商开展营销推广活动的重要角色。在广度上，主播凭借专业的知识、强大的导购能力提高在消费者中的影响力，帮助品牌商扩大客群覆盖范围。在精度上，主播凭借独特的个性特征与个人魅力拥有喜好鲜明的消费者粉丝群体，品牌商通过配对合适的主播，并设计有针对性的营销内容，能够更加精准实现定位客群营销。

主播按照身份和层级两种标准可进行不同分类。

一、主播分类

（一）按主播身份分类

主播按身份可分为以下四类（见图 3-15）。

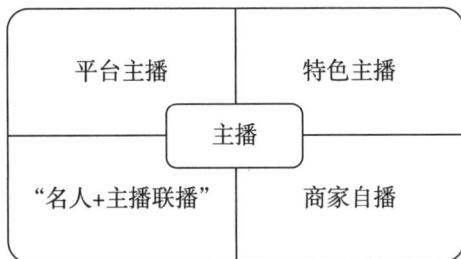

图 3-15　按主播身份分类

（1）平台主播：入驻直播平台、有一定直播经验，产品品牌集中于某一领域或全品类带货，直播带货能力相对较强。

（2）"名人 + 主播联播"：名人进入主播直播间后，主播的导购、销售能力结合名人的流量、影响力，作用于商品的"量"与"价"，如某明星进入某知名主播的直播间做客。

（3）特色主播：不具有直播经验，但因某种特定的身份而具有一定影响力，如某农产品产地县长、某品牌总裁等，特殊的身份背书会加强消费者对商品的信任度。

（4）商家自播：品牌商工作人员开直播进行商品推荐，对商品和品牌比较熟悉，介绍较为专业，这种类型的直播推荐的商品品类有限。

（二）按主播层级分类

以淘宝直播为例，主播分级涉及的维度包括直播场次、直播时长、平台活动完成率、粉丝留存率等，主播按层级分为 3 类：TOP 主播、腰部主播、新进主播，如图 3-16 所示。

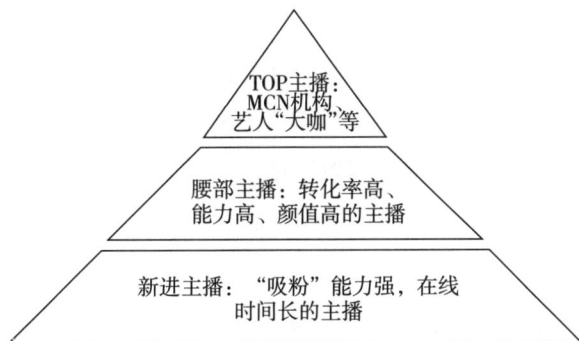

图 3-16　淘宝主播分级

二、主播需要做的准备工作

（一）直播必备心态

许多人对直播的看法很简单，认为只要有网、有手机就行。事实上，直播并不容易，里面的门道非常多。在正式踏上直播之路之前，需要做好充足准备。

其中，第一项准备就是心态上的准备。

1. 心态是衡量直播成功与否的标准之一

良好的心态对于直播究竟有多重要呢？或许，可以从下面这段话中找到答案：人与人之间只有很小的差异，但是这种很小的差异却造成了巨大的差异！很小的差异体现在一个人的心态是积极的还是消极的，巨大的差异体现在结果是成功的还是失败的。

直播行业是一个充满挑战也充满无限可能的行业，进入直播行业的"门槛"其实并不高，但若想在这个行业里做出成绩，成为头部主播，除了要做到"努力到无能为力，拼搏到感动自己"的程度外，还需要拥有良好的心态，不惧失败、敢于奋斗、行动果敢。当然，这并不是说拥有良好心态的主播就一定能成为头部主播，但心态不好的主播必定无法成为头部主播。

在现实生活中，因为工作的关系，编者曾和许多带货主播有过密切的接触。根据编者的观察，凡是那些最终能在直播带货的道路上走得长远的主播，往往都具有非常好的心态。

据此，编者总结出：在加入直播带货队伍之前，主播一定要调整好自己的心态，因为心态的好坏，往往决定了直播效果的好坏。商家在招募主播时，也应把心态的好坏作为重要的衡量标准之一。

总之，良好的心态是直播成功的基石，不同的心态，决定了不同的直播结果。如果想在直播的世界里纵横驰骋，成为令人艳羡的头部主播，那么要从现在开始摆正心态。

2. 拥有两种必备心态，直播才可以更精彩

具体来说，带货主播应该具备以下两种心态。

第一，勤奋肯吃苦。

如今，人们都很羡慕那些带货能力强、在镜头前光鲜亮丽的头部主播，却没有看到他们为了准备一场直播付出的努力。应该说，所有的头部主播，其实都是一步步苦过来的。如今，再去回看那些带货能力超强的头部主播们早期的直播视频，便会发现，他们中的许多人在最初的时候，可能连续直播10小时，也只有两三百人观看，这种辛酸只有经历过的人才能了解，如果主播不能吃苦，是根本坚持不下来的。

在竞争异常激烈的今天，即便他们已经取得了一些成绩，往往也不敢松懈下来，而是选择一如既往地勤奋努力。

所以，如果打算进军直播行业，并且准备大干一场，那么，首先要做到勤奋肯吃苦。

第二，自信。

在销售界有这样一句名言：世界上没有卖不出去的产品，只有卖不出去产品的人。从本质上来说，直播带货也是销售的一种，而要想通过直播成功把产品卖出去，自信是主播必不可少的一个心态。

人们常说："一流的销售卖自己，二流的销售卖服务，三流的销售卖产品，四流的销售卖价格。"虽然直播带货能够取得成功的一个重要因素便是它能够提供物美价廉的商品，但一个能带货的头部主播，凭借的绝不仅仅是实惠的价格、优质的产品。

一个自信的带货主播，在直播的过程中，往往能够更好地把握直播的魅力来打动用户，让用户对价格、产品和品牌产生信赖，引导用户下单。而一个缺乏自信的主播，则会把这种不自信间接地传给用户，让用户对产品、对价格甚至是对主播产生怀疑，这样的主播，带货能力又从何而来呢？

稻盛和夫曾经指出：改变你的心态，你人生的色彩可以绚烂夺目。把它运用到直播行业中，则应该变为：调整你的心态，你的直播才可以更精彩。一个人的行动和心态，决定了他的精神面貌，而一个人的精神面貌又决定了他的工作状态。对于直播带货而言，这一点尤为重要。

所以，在正式踏进直播间之前，作为直播新人的你，不妨认真问一下自己：我足够勤奋吗？我愿意吃苦吗？我充满自信吗？

（二）选择平台

直播平台有很多，想要从事直播行业，就一定要去了解各个平台的特点，从而选择适合自己的平台。

淘宝、拼多多、京东，这些电商类平台以店铺商家直播为主。

抖音、快手，这些平台拥有时尚、美食、美妆等主播，同时是带货直播平台，直播类目较多，粉丝基础大，涨粉快。

腾讯看点、西瓜视频、小红书、腾讯微视、B 站，这些平台往往是信息流大 V 们的集中地（有才华、高颜值比较好"涨粉"）。

（三）直播主播的形象塑造

在直播行业中，主播个人形象的塑造是非常重要的，特别是一些需要真人出镜的直播，主播的外貌、着装、形象气质在很大程度上影响着直播间的人气和直播的效果。

当然，颜值和外貌这种东西是相对的。美貌会随着时间的流逝和年龄的增长而不复存在。作为一名主播，不能只靠颜值，还得有一定的才艺技能和人格魅力，这样直播事业才能做得长久。为了帮助主播更好地塑造形象，编者将从以下方面来分别论述。

1. 选择合适的直播装束

俗话说得好："人靠衣装。"一个人的穿着打扮能体现他的整体气质，对于主播来说更是如此。不同的服装搭配能给人不同的视觉感受，主播可以根据直播的主题和内容来选择合适的服装风格，这样不仅能满足不同受众的需求，还能给直播增添色彩。

需要注意的是，并不是所有主播都适合尝试不同风格的服饰，如果强行尝试其他类型的衣服，有时也会显得很不自然、不协调。

主播的服装搭配应该从自身条件、搭配协调和受众观感这三个因素考虑，如图 3-17 所示。

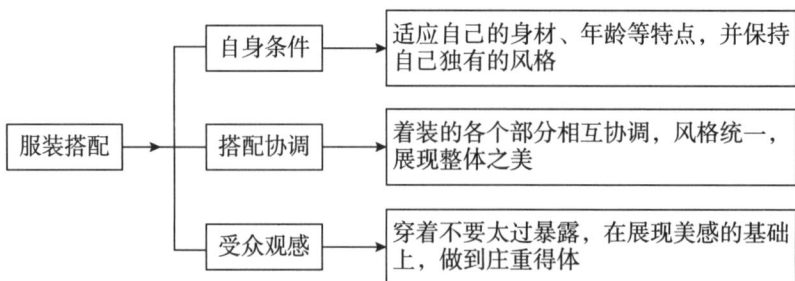

图 3-17 主播服装搭配应考虑的三个因素

另外，主播的发饰是一个重点，对于女主播来说，不管长发还是短发，选择自己喜欢和适合的风格就好。但需要注意，头发不能显得太过凌乱，要自然干净。对于男主播来说，自然、干净、阳光帅气即可。

2. 直播主播的化妆技巧

除了服装搭配，化妆也是绝大部分主播的必备技能之一。接下来编者就为新人主播介绍一些常用的化妆技巧。

（1）清洁护肤。

先用洗面奶清洁皮肤，然后用爽肤水和乳液给皮肤补充水分，使皮肤保持滋润，为化妆做好准备。

（2）遮瑕美化。

涂抹隔离霜、遮瑕膏遮掉脸部的瑕疵，然后根据自己的肤色选择与之相同或者接近的粉底液，这样妆效看起来会显得更加自然、真实，之后用散粉定妆。

（3）眉毛眼影。

紧接着就是画眉毛和眼影，一般是先画眉毛再画眼影，画眉毛使五官轮廓更有型，画眼影使眼睛看起来更大、更漂亮。选择适合自己颜色的眉笔，先勾勒出眉形，再填充。眼影的话，建议新手主播选择单色眼影。

（4）腮红口红。

画完眉毛和眼影之后，涂腮红和口红，同样根据自己的肤色选择颜色。当然，每个人的脸型不同，涂腮红的位置也会有所不同。最简单的腮红画法是在苹果肌处由外向内画圆。

以上就是主播化妆技巧的基本内容，精致的妆容不仅能提升主播的个人形象，而且能提升受众的观看体验。

主播在化妆的过程中应该考虑受众的视觉感受，让人赏心悦目。当然，主播的妆容还要考虑自身的形象和气质，不要因为妆容而破坏了原本独有的气质形象。

（四）准备设备

直播前一定要准备好直播的相关设备。如果你是用手机直播，最好提前准备好两部手机，以及声卡、麦克风、直播支架、转换器、耳机等设备。

（五）准备直播内容

开播之前，新手主播一定要提前准备好内容，掌握大概的流程，做好充分的准备，这样才不会慌乱。直播内容是很重要的，首先要明确是娱乐直播还是带货直播。娱乐直播就要准备今天直播聊天的话题和准备一些段子与观众进行互动，不要让观众感觉到枯燥乏味，避免冷场。带货直播的主播需要了解此次产品的信息，品牌背景文化、品牌大事件等。标题直接标明带货直播的产品亮点和活动特点，标题不宜太长。

●>> 案例分析

主播在直播中难免会出现小失误，有些粉丝也可能会询问一些不合时宜的问题，这些都可能使直播陷入尴尬的境况。如果主播不能解决直播过程中出现的这些小意外，让尴尬氛围持续下去，就会导致部分粉丝流失。因此，当直播的过程中出现意外情况时，主播需要及时且巧妙地化解尴尬，重新营造直播间活跃的气氛。

幽默的语言能够很好地化解尴尬。例如，某主播说普通话时会带有口音。在一次直播中，这位主播为粉丝介绍完产品后，一位粉丝评论道："主播还是捋好舌头再说话吧，这样讲话听着真别扭。"一句话使直播间的气氛瞬间降了下来。但是，该主播并没有因为这位粉丝的话而生气，他笑笑说："之前有人问我，身为主播怎么连普通话都说不好？其实，我是怕我普通话说得太标准，把你们迷倒。"主播的这一番话令粉丝忍俊不禁，也巧妙地化解了尴尬，直播间的气氛很快就再次活跃起来。

上述案例中，主播通过幽默的回复化解了直播间的尴尬，使直播得以顺利进行，而这种幽默的语言也是其他主播需要学习的。主播在直播过程中适时地使用幽默的语言能够使直播间的气氛更加轻松愉悦，这种轻松愉悦的气氛是粉丝需要的。

任务四　直播脚本撰写

针对特定某一场直播的方案称为直播策划案，也称为脚本。脚本，原指表演戏剧、拍摄电影等所依据的底本或书稿的底本。直播脚本，可以理解为直播带货的剧本。

直播带货看别人做起来很简单，可一旦自己上手，就会发现阻碍重重：

- 在镜头面前，逻辑混乱，不知所云；
- 介绍起产品时东一句西一句，没有章法，体现不出产品的优点；
- 眼看直播时间即将结束，还有将近一半的产品没有介绍，就手忙脚乱；
- 干巴巴地推介产品，直播间气氛尴尬，主播的推销没有技巧可言。

出现以上问题，大多是主播直接上场，而没有提前撰写脚本导致的。

优秀的直播脚本，一定会充分考虑到直播各个流程的细节，可以让主播在直播时做到有条不紊，有本可依，而不是随机发挥。直播脚本也不是一成不变的，需要在实战演练后，不断复盘分析，持续优化调整，让主播在直播间越来越得心应手。所以，撰写脚本是为了保证直播能够达到预期的标准，能够实时把控粉丝状态、推动直播卖货。在直播策划案的基础上进行直播，可以避免长时间的冷场等不必要的意外。详细的直播策划案可以让主播在话术上得到技术性提示，可以让主播在言语上吸引粉丝并把控好与粉丝之间的互动。

一、准备工作

准备时需关注以下内容。

（一）直播目标

直播脚本首先要确定的就是直播希望达到的目标，例如观看量、点赞量、进店率以及转化卖货销售额等具体数据。开播前才考虑直播的内容是做直播最忌讳的，这是很不负责任的行为。图 3-18 为某主播的直播数据。

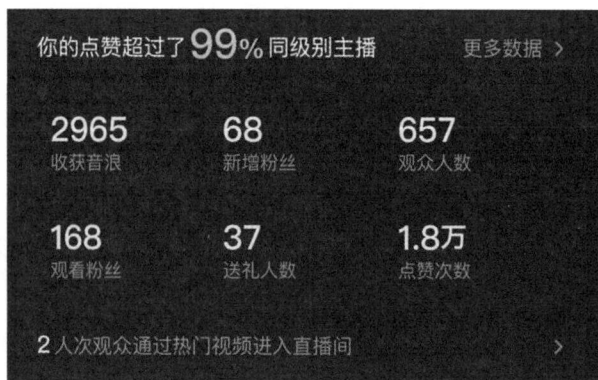

图 3-18　某主播的直播数据

有的主播因为没有事先预习当天的直播的内容，在直播过程中，就可能出现冷场、尴聊等情况。因此，通过做脚本来梳理直播流程，才能让直播的内容有条不紊。

（二）直播主题

直播的主题与写文章时确定主题类似，确保直播的内容不会跑偏。通过脚本可以对主播的行为进行指导，清楚地明确在某个时间该做什么、还有什么没做，此外可以借助主播传达出更多的内容。比如直播主题是桃花妆，那内容就是教观众如何化桃花妆，并推荐相关产品。

（三）直播人员

撰写直播脚本时还要注意人员的分工以及职能配合。例如，主播主要负责引导关注、介绍产品、解释活动规则等；直播助理和运营主要负责互动、回复问题、发放优惠券等；后台或客服主要负责修改商品活动价格，与粉丝沟通转化订单等。

（四）直播时间

为了让粉丝养成观看习惯，主播需要确定固定的直播时间，并严格根据该时间来进行直播。主播在下播前要及时预告第二天的直播内容，让粉丝关注下一场直播，这样既能促进粉丝养成观看习惯，也能让粉丝对主播保持新鲜感。

（五）梳理产品卖点

在撰写直播脚本时，要重点梳理产品的卖点，这样主播给粉丝介绍产品信息时可以做到信息真实且准确。

（六）优惠信息和活动

提示主播优惠信息和活动环节的相关规则，更好调动直播间气氛，引导粉丝消费。

（七）直播脚本流程细节

各个流程安排具体到分钟。如介绍产品时，每一个产品介绍多久，尽可能把时间和细节规划好并按照计划执行。

（八）直播结束后总结

每场直播结束后，主播需要总结，运营也需要总结，团队的每个人员都需要总结。不是说主播开播了，就没有其他人的事了，所有人员是一个整体，都至关重要。

除了上述的这八个要点外，还需要注意的是直播脚本的内容每次都要有变化，投入充分的话，最好每一场直播都能写出一份直播脚本，然后以周为单位，一周策划一次大脚本。

二、写直播脚本的要点

下面介绍一下编写直播脚本的要点。

（一）一周一脚本

可以周为单位写直播脚本，这样可以减少运营策划的工作量，提高直播的工作衔接，也方便进行阶段性总结。

（二）周期性活动

电商直播不能过度展示唱歌、跳舞之类的个人才艺，要多做一些周期性的活动，如每周一次的9.9元"秒杀"，每周日的新品五折，一周一次的拍卖等。这样更能让消费者记住主播，认同主播推荐的产品。

（三）产品要点

直播团队应该将产品的要点整理成册，并不断补充，这样有利于主播快速了解产品。这项工作需要主播参与，也需要团队协作。

三、与脚本"初接触"

在直播的对接过程当中，可能会存在各种各样的问题，主播和运营之间需要以脚本的方式进行对接。

一般情况下，脚本分为单品脚本和整场脚本。

（一）单品脚本

写单品脚本时，最好采用表格的形式，表格中应该包括产品的相关介绍、利益点强调、引导转化、直播注意点等。这样就可以在表格上将卖点和利益点清晰地体现出来。在对接的过程中，就不容易产生疑惑或不清楚的地方。

（二）整场脚本

整场脚本，顾名思义，就是为整场直播编写的脚本。整场脚本既是对直播流程进行一个规划和安排，也涉及对逻辑和玩法的编写以及直播节奏的把控。

下面以一场3~6小时，没有中场休息的直播为例，对整场脚本进行阐述。

第一，一开播就要马上进入直播状态，和最先到来的粉丝打招呼，问好。

第二，在开播第1~5分钟进行近景直播。主播一边和粉丝互动（建议选择抽奖来作为互动），一边给他们推荐本场直播的1~2款爆款。接着不断强调每天定点开播，等待粉丝大部队的到来。

第三，在开播第5~10分钟，剧透当天的新款和主推款。

第四，在开播第 10~20 分钟，将今天所有产品全部展示一遍，除了潜在爆款外，其他不做过多停留。整个过程持续 10 分钟，整个过程不看粉丝评论，按照自己的节奏逐一展示。

第五，开播半小时后正式进入带货阶段。根据粉丝需求来重点介绍，让粉丝可以参考直播前的介绍拍下产品。每个产品用时约 5 分钟。直播脚本可以参考上文的单品脚本。

第六，直播中，根据同时在线人数和每个产品的点击转化销售数据，场控需要引导主播及时调整对重点产品的演绎。

第七，直播的最后一小时，对呼声较高的产品进行返场演绎。

第八，直播的最后 10 分钟，剧透下一次直播的新款，助理可以见缝插针地回复本场直播中粉丝提问的有关商品的问题。

第九，最后一分钟，提醒没有关注主播的粉丝关注主播，以及下一次直播的时间和福利。

四、脚本的撰写

优质的直播脚本能够帮助主播把控直播节奏，保证直播流程的顺利进行，达到直播的预期目标，并将直播效果最大化。

（一）整场脚本示例（见表 3-1）

表 3-1　整场脚本示例

直播活动概述	
直播主题	冬季护肤小课堂
直播目标	"吸粉"目标：吸引 10 万用户观看 销售目标：从直播开始至直播结束，直播中推荐的三款新品销量突破 10 万件
主播、助播	主播：××、品牌主理人、时尚博主 助播：×××
直播时间	2021 年 12 月 8 日，20：00—22：30
注意事项	①合理把控商品讲解节奏； ②适当延长对商品功能的讲解时间； ③注意对用户提问的回复，多与用户进行互动，避免直播冷场

续表

直播流程				
时间段	流程安排	人员分工		
		主播	助播	后台、客服
20：00—20：10	开场预热	暖场互动，介绍开场截屏抽奖规则，引导用户关注直播间	演示参与截屏抽奖的方法，回复用户的问题	①向粉丝群推送开播通知；②收集中奖信息
20：10—20：20	活动剧透	剧透今日新款商品、主推款商品，以及直播间优惠力度	补充主播遗漏的内容	向粉丝群推送本场直播活动
20：20—20：40	讲解商品	分享冬季护肤注意事项，并讲解、试用第一款商品	配合主播演示商品使用方法和使用效果，引导用户下单	在直播间添加商品链接；回复用户关于订单的问题
20：40—20：50	互动	为用户答疑解惑，与用户互动	引导用户参与互动	收集互动信息
20：50—21：10	讲解商品	分享冬季护肤补水的技巧，并讲解、试用第二款商品	配合主播演示商品使用方法和使用效果，引导用户下单	在直播间添加商品链接；回复用户关于订单的问题
21：10—21：15	福利赠送	向用户介绍抽奖规则，引导用户参与抽奖、下单	演示参与抽奖的方法	收集抽奖信息
21：15—21：40	讲解商品	讲解、试用第三款商品	配合主播演示商品使用方法和使用效果	在直播间添加商品链接；回复用户关于订单的问题
21：40—22：20	商品返场	对三款商品进行返场讲解	配合主播讲解商品；回复用户的问题	用户下单后回复用户关于订单的问题
22：20—22：30	直播预告	预告下一场直播的时间、福利、商品等	引导用户关注直播间	回复用户关于订单的问题

（二）直播中单品脚本的设计示例

单品脚本就是针对单个商品的脚本。在一场直播中，主播会向用户推荐多款商品，主播必须对每款商品的特点和优惠措施有清晰的了解，才能更好地将商品的亮点和优惠活动传达给用户，刺激用户的购买欲。

直播运营团队可以将单品脚本设计成表格的形式，将品牌介绍、商品卖点、直播利益点、直播时的注意事项等内容都呈现在表格中。表 3-2 所示为某品牌不粘锅单品脚本。

表 3-2　某品牌不粘锅单品脚本

品牌介绍	×× 品牌历史悠久，旗下商品销往全球 50 多个国家和地区，其中 6 个品类的商品市场占有率名列前茅	
商品卖点	用途多样	具有煎、焖、炸、煮、炒、烙等多种烹饪功能
	商品具有设计感	①锅体内表面麦饭石色撒点工艺，时尚美观，耐磨耐用； ②锅面光滑，烹饪食物不粘黏，易冲洗； ③锅体为加厚铝合金基材，耐高温，经久耐用； ④锅体底厚壁薄，导热均匀； ⑤磁感应加厚复合锅底，燃气灶、电磁炉均可使用； ⑥手柄设计遵循人体工程学原理，手握舒适
直播利益点	"双 11"特惠提前享	今天在直播间内购买此款不粘锅享受"双 11"同价，并且赠送可视玻璃锅盖和不粘锅专用铲，下单备注主播名称即可
直播时的注意事项		①在直播进行时，直播间界面显示"关注店铺"卡片； ②主播引导用户关注、分享直播间等； ③主播引导用户加入粉丝群

任务五　直播带货商品遴选

要想直播带货，先要确定商品。但商品类目繁多，哪些类目适合直播，可以卖得好，是需要主播仔细分析的。这是一项几乎可以决定直播盈利或亏损的重要决策，因此主播一定要制定正确的选品策略。

一、分析画像

在电商直播过程中，主播类似于导购的角色，主要作用是帮助用户减少购物的决策时间。要想提高直播间的转化率，主播一定要学会分析用户画像。

用户画像一般由性别、年龄、地域、兴趣、购物偏好、消费承受力等组成，主播在选品时要判断商品是否符合用户画像所描述的需求。

不同的用户群体，需要的商品类型不同。例如，如果受众以男性用户居多，最好推荐科技数码产品、汽车用品、运动装备等商品；如果受众以女性用户居多，最好推荐美妆、服饰、居家用品、美食等商品。主播只有选择符合用户画像的商品，转化率才会高。

二、看匹配度

商品与主播之间一定要相互匹配，至少主播不反感商品，并对商品有自己的认知。主播对商品的介绍不能烦琐，要把用户诉求与商品卖点在短时间内有条理地表达出来，刺激用户产生购买欲望，进而消费乃至传播。

不管是达人主播还是商家主播，推荐的商品都要与主播的标签相匹配。例如，推荐母婴用品时，未婚的女性主播就会缺乏说服力，而拥有"宝妈"身份的主播就显得自然得多，可信度也更高。

直播平台在选择主播时，一定要把握好主播的定位。主播带货按商品分布类型可分为以下两种情况，如图 3-19 所示。

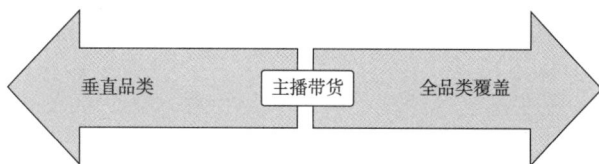

图 3-19　主播带货的两种情况

垂直品类带货主播的用户画像较为精准，大部分是热衷于该垂直品类商品的用户群体。垂直品类带货主播的主要作用是帮助用户找到该品类中的精品。垂直品类带货主播有用户覆盖面窄的劣势，除了喜欢该垂直品类的用户，其他人很少进入直播间购物。

全品类覆盖带货主播选的商品比较杂，但商品一定要有品牌，且价格足够优惠。除此之外，这类主播会要求商家向用户发放优惠券、赠品等福利，致力于帮助用户省钱。这种直播类型的优势是人群覆盖面广，劣势是用户画像比较模糊，主打低价商品，用户都是冲着低价来的，商品的价格弹性较大，一旦价格较高，用户的购买意愿就会明显降低。

三、分析需求

对于电商直播来说，用户之所以关注主播，大多是因为主播推荐的商品可以满足他们的需求。主播可以通过用户画像预估用户的需求，针对用户的年龄层次、男女比例、兴趣爱好等选择适合直播的商品。用户的总体需求可以归结为以下三个层面。

（一）保持新鲜感

许多人喜欢新事物，所以主播要提高商品的更新频率，使用户一直保持新鲜感，以此来增强用户的黏性。如果主播长时间只卖同样的两三件商品，用户早晚会有厌烦的一天。

（二）保证商品的品相

人是视觉动物，一款商品只有具有好的品相，才更容易激发用户的购买欲望。因此，主播在选品时，要选择那些在外观、质地、使用方法和使用效果等方面能够对用户形成感官冲击的商品，从而使直播带货充满场景感和沉浸感，并提升直播间的购物氛围。

（三）保证商品的质量

电商直播行业曾经发生过一些商品质量问题引发的风波，这种问题会严重影响头部主播的形象，负面影响很大。而对于中小主播来说，如果商品出现质量问题，更是会造成难以承受的后果。因此，直播选品的标准必然要以商品质量为核心。

在直播过程中，主播与用户互动时会收到用户的反馈，其中会涉及用户未被满足的需求。用户会在弹幕或评论中表达自己的需求，如"我觉得你的衣服下摆有些长""我想要买笔记本电脑""我想要买××薯片"……主播可以根据他们提出的需求来选择相应的商品，及时补充商品品类，尽可能满足更多用户的需求。

四、贴合热点

与短视频发布贴合热点的逻辑类似，直播带货商品的选择也可以贴合热点。例如，端午节时全民都在吃粽子，中秋节时全民都在吃月饼，某一时间段某知名艺人或直播达人带火了某款商品，这些都是主播可以结合的点。

因此，主播平时要多关注名人、达人的微博或微信公众号，这样当这些名人、达人被电商平台或网店商家邀请做直播时，主播可以及时看到他们发布的预热文案，从而做好应对的准备，只要抓住机会，就能抓住巨大的商机。

例如，某知名艺人曾经参加某平台的电商直播，当时她穿的短裙吸引了直播间用户的关注。很多电商平台的商家都看到了其中的商机，纷纷上新同款服装，并打出"××同款短裙现在特价出售，只需×××元"等宣传语。

人们当下对这些商品保持了高度关注，即使不买，也会在直播间热烈地讨论相关话题，从而提升直播间的热度，吸引更多的用户进入直播间，这在很大程度上会提高其他商品的销量。

五、具有特色

直播间选品一定要有特色，即选择的商品一定要有卖点，具有独特性。同种商品有很多不同的品牌和风格。用户购买商品不仅仅是为情怀买单，更多会从商品的优势出发，看商品是否具备特色。如果一款商品没有足够吸引人的特色，就不具备长久的竞争能力。

有些主播推荐的商品之所以转化率很低，就是因为商品的卖点不清晰，特色不明显，让用户觉得可有可无。只有商品卖点足够清晰，主播才能正中用户的痛点，使其产生冲动消费，从而提升购买转化率。

选择有特色的商品后，主播要提前构思好商品卖点的介绍话术。面对众多的商品，主播可以通过"商品特征 + 商品优势 + 用户利益 + 赋予情感"的方式来诠释各种商品的卖点，如图 3-20 所示。

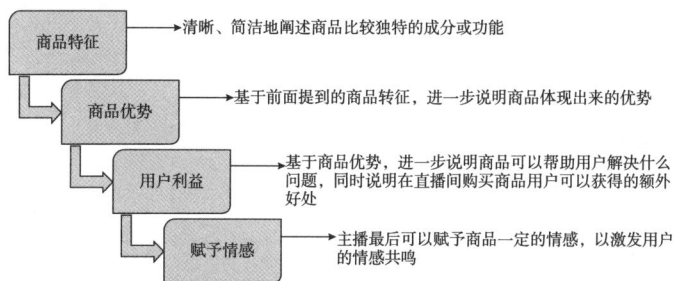

图 3-20　诠释各种商品卖点的方式

六、高性价比

在直播带货过程中，性价比高的商品更受用户欢迎。如果主播在直播带货时可以给用户"七天无理由退换"的福利，不仅能最大限度地保证用户的权益，还会让用户对主播产生极高的信任感，因此用户的复购率会非常高。

相较线下，人们在电商平台上购物的原因无外乎两个，一是方便、快捷，二是商品价格便宜。直播属于电商平台的一种营销工具，因此在直播中购物的原因也是以上两个。高价位的商品虽然也能在直播间里销售，但可能销量不会太高。

　　商品的高性价比还体现在赠送的优惠券上，尤其是主播发放的大额优惠券，相当于帮助用户省钱，是刺激用户冲动消费的有效手段。

七、亲自体验

　　主播不仅担任着导购的角色，还担任着类似"代言人"的角色。因此，为了对用户负责，主播在直播间推荐商品之前，最好亲自使用要推荐的商品，这样才能知道它到底是不是一款好商品，是不是可以满足用户的需求，以及它有哪些特性，如何使用、如何推荐等。尤其是在主播原本不熟悉的商品领域，主播更要事先对商品的性能、使用方式有所了解，以预计直播过程中可能会遇到的用户提问，并准备好应答策略，减少直播中的失误。

　　例如，主播要想推荐一款洗面奶，就要事先搞清以下几个问题：这款洗面奶适合油性皮肤还是干性皮肤，自己是什么肤质，自己在使用后有什么感觉，身边其他肤质的人使用后有什么感觉，用户对洗面奶有哪些需求，这款洗面奶是否能够满足用户的需求等。主播需要亲自使用、测试和调查后才能得出结论，才能在直播间根据自己的实际使用感受向用户推荐商品，从而增强说服力。

八、查看数据

　　有经验的主播和运营团队会根据直播过程中的实时数据变化来调整商品规划，主要参考的数据有实时在线粉丝互动频率等。例如，主播可以从粉丝互动中了解粉丝对哪些商品或商品的哪些价值点更感兴趣，或是通过某一段时间的粉丝增长率了解这一时间段自己做的活动或推荐的商品是否能够吸引粉丝。

　　如果直播间里的观看人数非常多，但购买转化率很低，就要考虑商品定位、主播定位等方面是否存在问题。除此以外，主播要查看直播间每日成交数据，每日不同商品的购物数据，分析哪些商品多久可以销售一空；主播还要查看每日直播数据的峰值和低谷，统计每件商品的成交额、人均成交额、点击转化率和停留时长等。

　　在直播结束后主播也不能大意，还要进行舆情勘测，并关注退货、结算、售后等数据，根据这些数据及时改进选品的种类。

九、精选货源

主播在选品时，商品的来源主要有以下 4 种渠道，如图 3-21 所示。

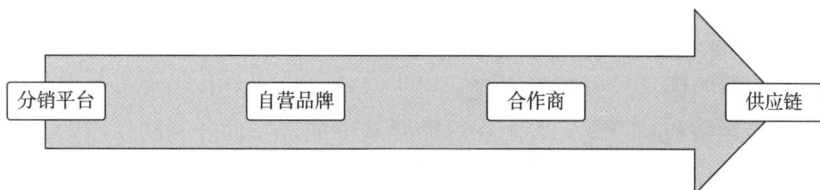

分销平台　　自营品牌　　合作商　　供应链

图 3-21　商品来源的 4 种渠道

（一）分销平台

分销平台主要指淘宝、京东等电商平台，其优点是适合零基础、想快速冷启动的主播，缺点是佣金不稳，发货时间不确定（尤其是商品量大时，可能会延迟发货，影响用户购买体验）。因此，主播在选品时一定要找到靠谱的商家，并提前与商家对接好售后流程。

以淘宝直播为例，目前主播可以通过淘宝联盟或阿里 V 任务来选品。

第一，通过淘宝联盟接单。主播打开淘宝联盟，搜索其中有佣金的商品，联系卖家制订定向计划，之后卖家会邮寄样品给主播，以此推广店铺的商品，而样品是否归还需要主播与卖家进行商谈。

第二，通过阿里 V 任务接单。主播在阿里 V 任务中查看需要直播的任务，发现合适的任务以后进行申请，完成任务后就可以获得佣金。不过，主播在接单过程中要注意查看商品背后的供应链。因为不管是性价比优势，还是利润空间，爆品背后的支撑是供应链管理能力。由于目前直播用户大多带有冲动消费的性质，可能出现退货率很高的情况，优质的供应链能够很好地支撑这样的退货率，并尽可能保证利润。

2019 年 3 月，阿里 V 任务正式推出直播通。直播通是商家与直播间的合作推广工具，能够让商家的商品被更多的主播主动挑选并在直播间里推广，同时直播通能成为主播的直播选品库，满足主播想为用户展示更多商品的诉求。主播在直播通中可以查看海量商品池，对接多维度的商品供应链，进行选货排期。

（二）自营品牌

自营品牌的商品优点是利润较高，适合头部主播；缺点是对供应链、货品更新、仓储要求较高。

（三）合作商

合作商的商品优点是后端有保障，由于商品有品牌，转化率与其他非品牌商品相比较高；缺点是利润较低，因为品牌商要从中抽走一部分利润。当然，如果是超级头部主播，"坑位费"也很可观。

（四）供应链

供应链的商品优点是利润非常高，适合超级头部主播；缺点是需要投入大量资金建设供应链，资金压力较大。如果做得好，发展会很顺利；如果做不好，很有可能会被建设供应链带来的资金压力拖垮。

小知识：快手好物联盟

快手好物联盟是官方的品牌商品供应链联盟，降低主播达人商业化"门槛"，为直播达人提供优质商品库。简单说就是，这个联盟将达人、商家、供应商全部串在一起，方便你我他。

●>> 实训任务

[任务名称]

直播准备

[任务背景]

某公司准备开启电商直播业务，想要开展一次直播活动，如果你是一名实习生，你会如何开展这次直播活动，将直播准备的内容写出来，进行分组讨论。

[实训目的]

（1）了解直播活动。

（2）了解电商直播。

（3）了解直播准备工作的内容。

[实训要求]

（1）能够根据要求，进行直播准备工作。

（2）能够通过直播准备工作，进一步了解电商直播。

●>> 考核评价

学生分组学习本模块，每小组 4~6 人。学习完本模块后，各小组成员进行自评（优、良、差），并填写考核评价表。

考核评价表

模块名称	考核内容	学生自查
直播准备	了解直播活动	
	熟悉主播类型	
	理解直播带货选品策略	
	掌握直播脚本的写作	
体会与收获：		

模块四　直播间人气提升

情景导入

有种消费心理叫"从众心理"，即消费者会跟随大众的消费行为完成消费。由此可见，对于做直播带货的主播而言，直播间的人气十分重要，高人气直播间能够持续吸引消费者关注并且获得他们的信任，所以，商家或个人在直播间里要通过各种方法进行人气提升，实现万人观看与"涨粉"，从而让产品销量快速提升。

任务分析

利用各种优惠、抽奖活动能留住观众和意向客户，直播间的人气能一直居高不下，保持着高热度，所以不只要在直播开头发福利，想要留人，各种吸引人的内容，比如限量包邮"秒杀"、抽奖、名人推荐等都要贯穿直播活动，以此来提升直播间的人气。

任务一　直播间广告引流

引流是直播营销的重要步骤，有了稳定的粉丝和流量，才有持续盈利的可能。在直播过程中，主播需要根据平台的特点，结合自身的实际情况，以及客户的根本需求，设计好活动，做好互动，这样才能更好地迎合客户的购物心理，从而牢牢地吸引客户，达到锁客的目的。

一、引流的必要性

直播的出现给电商带来了更多的发展机会，但是随着参与直播的人数越来越多，平台分配给商家的流量会逐步下降。因此，做电商直播不能单纯地依靠平台的支持。要想做大做强，就必须学会"吸粉"引流。

目前，电商平台几乎处于饱和状态。近几年，越来越多的人说做电商不赚钱。为什么会出现这种情况呢？因为电商平台的流量是有限的，而商家越来越多，可以拉流量的位置又太少。

直播也是同样的道理。之前，在直播行业，只要用心维护，各位主播都能收获一定的粉丝。但是，随着主播人数的增多，竞争日趋激烈，要想提升粉丝数量，就要面对营销费用提升的问题。直播平台大多有站内推广的功能，可以付费获得推荐位，相比之下，个人引流能够节省很多成本。

因此，很多带货主播都积极尝试在各个社交平台上建立自己的账号，以便吸引更多的粉丝和流量。其中不乏一些头部主播。

二、广告引流

常见的广告引流方式有活动类、广告平台类、跨界活动类三种。提供对口的产品、保持稳定的直播频次、制作有吸引力的直播封面和标题、做好活动预告等可以将用户引流到直播间。

只要有人的地方就可以引流，而每个平台都有自己的"生存法则"，只有了解到相关操作技巧，才能获得更好的引流效果。引流时需要根据产品或者服务模式，具体分析出哪类人群是目标受众。

精确的流量将有利于后期转化，更好地实现产品变现。

当下是短视频大热的时代，很多广告主想引流到各平台的直播间。那么，真的可以实现吗？应该怎么做才可以实现呢？

具体来说，需要做到以下几点。

（一）明确广告目标

广告内容可以多利用短视频等创意方式来展现，从多个方面触动用户的消费欲望。另外，引流的过程中，广告必须有自己的独特风格，可以加深用户对广告的印象，只有引起用户的关注才容易将其引流到直播间。

（二）提供对口的产品

不管是直播间还是平台，只有与用户的需求挂钩，才能吸引他们进行消费。所以，要摸清用户的需求喜好，针对这些需求喜好定期为他们推送质优价廉的产品。

（三）保持稳定的直播频次

用户的消费习惯是需要被培养的，也就是说只有当用户对广告认可，有一定的依赖性后，才可以被带到平台中消费。所以，广告主需要保持定期直播，既可以让自己的店铺获得平台的大量流量，又可以不断地磨炼直播的技巧，快速吸引固定的直播粉丝。

（四）有吸引力的直播封面和标题

封面和标题是看到相关信息的用户能否有兴趣点击进来看直播的一个决定性因素。所以，要想引流到直播间必须在标题与封面上下功夫，同时注意题文相符的必要性。图片加文字是比较常见的封面形式，要注意两点：一是文字的内容；二是文字的格式。文字内容应与主题相符、充分调动用户的情绪。使用抒情、设疑性质的文字或直接使用短视频内容关键词都可以，也可以适当夸张，但不要使用与内容无关的文字。要保证封面文字足够清晰，能让用户一眼就看出来，而且不能遮挡图片中的重要内容。

优秀的直播间封面，从色彩搭配以及内容方面都带给人十分清爽的感觉，富有正能量，能够吸引大家的关注。

（五）活动提前预告

每年的"618""双11""双12"真的有那么多的用户在同一时间段有大量的需求吗？其实，是商家抓住了用户的消费心理，提前预告营销，让更多的用户都知道活动的亮点。所以，想要通过广告把消费者引流到直播间，广告主可以通过预告直播的时间以及亮点，重点突出直播的卖点，吸引更多的消费者关注。

（六）制作不同的引流方案

不同平台的用户需求不同，所以引流的方案不能只有一个，如想引起男性的关注，可以多发布一些关于本地车展的新闻；如想引起女性的关注，可以多发布一些化妆、编发、服饰搭配等小视频，做到有针对性分析、精准投放。

（七）提高广告创意性

快手、抖音等是当下年轻人热衷分享生活的平台，所以想要在这些平台上实现引流推广必须使用新颖的推广策略和运营模式，多在视频里面加入创意，多贴合热点，再不断摸索用户的消费需求，才能实现引流的效果。

总之，生活在互联网的信息科技时代，就必须顺应时代的脚步，学会利用当下的有效工具来推广自己的产品及服务。

任务二　直播间抽奖活动引流

　　直播间抽奖是主播常用的互动方法之一，但很多主播对抽奖的效果并不满意。有的主播认为，每次抽奖花费时间较久，严重影响卖货节奏；有的主播认为，用户参与抽奖倒是很活跃，但抽完奖就会退出直播间，几乎不买货，感觉抽奖无法提升销量。这两种说法其实都失之偏颇，产生这种想法的根本原因在于他们没有理解抽奖的精髓，即互惠互利法则。用户能为抽奖环节停留，这本身就是一种互惠互利，因为用户的时间也是宝贵的。只要用户在直播间里停留，本质上就是在用自己的时间与奖品进行交换。要知道并不是所有用户在抽完奖之后都会离开直播间，其实有很大一部分用户会被吸引，关注主播，并产生后续的购买行为。

　　对于主播来说，用户平均停留时间体现了用户黏性，而这种黏性是需要慢慢"养成"的。只要有利于增加用户的平均停留时间、增强用户黏性的方法，都是值得采用的方法，谈不上浪费时间。不过，主播一定要设计好抽奖环节，虽然奖品是利他性的，但最终结果一定要利己，这才能真正做到互惠互利。

　　抽奖要遵循以下四个原则。

　　（1）奖品最好是在直播间里推荐过的商品，可以是爆品，也可以是新品。

　　（2）抽奖不能集中抽完，要将抽奖活动分散在直播中的多个环节。

　　（3）主播要尽量通过点赞数或弹幕数把握直播的抽奖节奏。

　　（4）奖励一定要真实，不能欺骗消费者。

　　抽奖环节的具体设置形式有四种，如图4-1所示。

图 4-1　抽奖环节的具体设置形式

一、签到抽奖

主播要每日定时开播，在签到环节，如果用户连续七天来直播间签到、评论，并保存好评论截图发给主播，主播将评论截图核对无误以后，即可赠予用户一份奖品。主播开播的前 1 个小时，甚至是前 15 分钟是黄金时间。如果第 1 个小时直播间的在线人数多，那么主播不仅可以在与同时段的其他主播竞争中获胜，还可拥有更长的用户停留时间和更高的商品销量。另外，主播积极地与用户进行互动，营造热烈的互动氛围，会让主播和用户的情绪高涨，同样有利于延长用户的停留时间，进而产生更好的销售效果，从而形成良性循环。

二、点赞抽奖

主播在做点赞抽奖时，可以设置每增加 2 万个点赞就抽奖一次。这种操作比较简单，但要求主播有较强的控场能力，尤其是在做"秒杀"活动时，如果刚好又增加了 2 万个点赞，主播可以和用户沟通，承诺在做完"秒杀"活动以后立刻抽奖。

点赞抽奖的目的是给用户持续的停留激励，让黏性更高、闲暇时间更多的用户在直播间里停留更长的时间，而黏性一般的用户会提高进入直播间的次数，直接提高了用户回访量，从而提高每日观看数量。

三、问答抽奖

主播在做问答抽奖时，可以根据商品详情页的内容提出问题，让用户寻找到答案，然后在评论区评论，主播从回答正确的用户中抽奖。

问答抽奖可以提高商品点击率，用户在寻找答案的过程中会对商品的细节有更深了解，增加对商品的兴趣，进而延长停留时间，提高购买的可能性。另外，用户的评论互动可以提高直播间的互动热度。

四、"秒杀"抽奖

"秒杀"抽奖分两次。第一次是在主播剧透商品之后、"秒杀"开始之前抽奖。主播在剧透商品时要做好抽奖提示，这样可以让用户更仔细了解商品的信息，增加下单可能，同时延长用户的停留时间。第二次是"秒杀"之后、介绍新商品之前抽奖，主播要做好抽奖和新商品介绍切换的节奏把控。

主播抽奖环节常犯的错误有很多，如表4-1所示。要尽量避免出现这些错误，从而更好地引导用户进行互动，更充分地发挥抽奖环节的作用。

表 4-1　主播抽奖环节常犯的错误

抽奖环节常犯的错误	正确方式
无明显告知，用户在进入直播间时无法在第一时间知道抽奖信息	通过口播、公告等多种组合方式说明抽奖规则和参与方法
无规则、随意	明确抽奖的参与方式，如点赞量达到某个标准就开始抽奖，避免整点抽奖
抽奖环节无任何互动	主播提醒用户刷指定的弹幕和评论，以活跃直播间的氛围，然后启动后台抽奖界面，提醒用户关注主播，提高中奖概率
抽奖只有一次，没有节奏	抽奖要有节奏，抽奖一次以后，需要先公布中奖用户，并告知下一次抽奖的条件，以延长用户停留时间，增加粉丝量

● >> 案例分析

某头部主播拥有超强的带货能力，直播间的商品品类众多，涵盖了居家、零食、护肤、彩妆等各个方面，同时，在福利营销方面下足了功夫。

其每场直播抽奖的奖品价格往往不会太低，并且都是一些非常热门的商品，比如华为手机、苹果的平板电脑等。这样价格不菲的奖品很容易吸引消费者，在直播一开始就在直播间内营造出一波小高潮，有效提高了消费者对直播的期待值与忠诚度。

以淘宝直播为例，其讲究的是粉丝经济，粉丝的购买力越强，商品的销售量越高，主播获益也就越多，所以对主播而言，维护与粉丝之间的关系就显得尤其重要。在直播一开始便进行抽奖是维护粉丝的一个重要手段。对粉丝来说，即使今天没有抽到奖品也还有明天、后天的抽奖活动可以期待。先行抽奖是对粉丝的一个暗示，同时成为直播开始的标志。

除了在直播一开始就抽奖以外，直播过程中每隔一段时间的随机抽奖给了一直在观看直播的粉丝更多的参与感与满足感，也吸引更多粉丝持续观看直播，期待着下一次抽奖的到来。

直白的抽奖活动也能够吸引更多的人进入直播间并成为粉丝。而在庞大的粉丝基数、抽奖带动粉丝购物热情的前提下，直播销售很容易获得惊人的销售额。

任务三　直播间"秒杀"商品引流

随着直播带货的日益火爆，不仅仅是传统电商平台开通直播，也有越来越多的实体商家加入其中，逐渐形成了一种新的商业模式。很多人都想通过直播卖产品，粉丝是直播间观众的主体，有粉丝观看才能有更大卖出产品的可能性。

相信熟悉直播的朋友对于"秒杀"一词一定不会陌生，作为一个常见功能，"秒杀"经常出现在各大电商平台中。从效果看其带来的 GMV 增长也比较不错。"秒杀"是源于电子游戏的一个名词。在游戏中，多人同时或多个技能同时出击快速消灭目标的情况，会被游戏玩家称为"秒杀"。

而现在，提到"秒杀"，人们常理解为一种常见的电商促销活动。

"秒杀"是直播间商品的营销活动工具，主播通过"秒杀"，用超低的价格、有限的数量和时间，吸引直播间的观众抢购，带动直播间内的气氛，快速提升直播间的观看人数。图 4-2 为粉丝的转化。

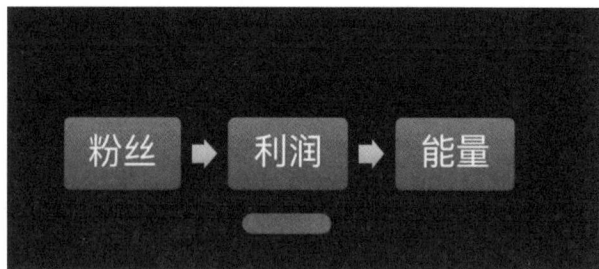

图 4-2　粉丝的转化

相比直播间内的商品边看边买，"秒杀"的特别之处在于：低价、限量、限时。超低价的商品"秒杀"活动，往往能吸引一大批的消费者跃跃欲试。原因只有一个，那就是便宜。绝大多数人抱着买不了吃亏、买不了上当的消费心理参与，给"秒杀"活动营造了一种热闹的氛围，对直播间的潜在消费者而言也是一种心理暗示。

但"秒杀"活动的超低价，也意味着商家无法从中获得太多利润，因此限量既营造一种产品稀缺的氛围，也是商家为利润做出的让步。"秒杀"活动的超低价商品数量少，需要参与者兼具运气和手速才能得到。"秒杀"活动对时间的限制，是为了营造抢购的紧张感，在短时间内吸引消费者争相下单，提高商品销量。在低价、限量、限时的条件下，"秒杀"活动能吸引不同群体的目标用户，为直播带来大量的人气。

所以，在一场电商直播中，主播往往会利用"秒杀"进行预热，这能迅速为直播间聚集大量的人气，也能为接下来的商品促销做铺垫。因此"秒杀"在电商直播中有两个非常重要的作用：促活和拉新。

"秒杀"能在第一时间吸引直播间内的用户，调动直播间的氛围，提高直播间用户的积极性。"秒杀"的抢购氛围，营造了一种热闹活跃的形象，活跃的直播间更利于接下来的直播带货。

但"秒杀"限量的特点决定了只有一小部分用户能成功，为了提高成功率，许多消费者往往会邀请身边的家人、朋友一起进入直播间抢购，这可以为直播间带来一大批新的观众，这些观众也是直播间的潜在用户。"秒杀"的获客潜力不容小觑。

需要注意的是，既然是想通过优惠吸引用户，通过让利使用户心动，那么优惠和让利就必须是实实在在的，不能弄虚作假。如果"秒杀"的价格和"秒杀"前的价格没有很大区别，那么，"秒杀"也就失去了意义。更糟糕的是，这可能会使主播和直播间在用户心中的形象大打折扣。

尤其是对于那些初次进行直播的主播而言，编者十分推荐的"吸粉"方式就是"秒杀"活动。尽管从某种程度上来说，"秒杀"可能会让主播失去利润空间，但是对于新手主播而言，比起产品利润，更重要的应该是先让用户留在直播间，并且在直播间下单购买产品。而"秒杀"，就是帮助新手主播完成这一步的有效方式。

许多新观众会将直播间"秒杀"的产品质量作为衡量主播是否值得信任的考量条件之一。所以，"秒杀款"绝不能是以次充好、滥竽充数的产品，而应是经过精心挑选且质量过关的好产品，这样才能增加新用户对主播的好感度，当好感度到一定程度时，新观众自然就会变成"铁粉"，持续关注主播，并且会将主播信息传递给亲朋好友，实现拉新。值得注意的是，除了要为通过"秒杀"留住的用户提供品质优、供应商强的商品外，还需要内在的鼓励机制。直播间应制定用户鼓励机制，给老用户一些福利，鼓励用户升级。在这个过程中，主播既可以留住老用户，让他们觉得物有所值，而且可以得到免费的宣传，带来新用户。通过上述做法就可以增强用户对直播间的黏性。

小知识：设置封面时的要点

第一，突出内容重点。

以美食类短视频为例，美食应该是内容的核心。在选择封面的时候，运营者一定要截取菜品最能勾起人食欲的那个画面。这个方法在其他类型的短视频上也同样适用。运营者要清楚短视频要表达的重点是什么，用户最想看什么。

第二，留有悬念。

不少运营者会通过在封面中设置悬念的方式来吸引用户，不过这种方法一般要配合文案、标题使用。不要一股脑将所有相关的内容都放上去，否则会让用户失去好奇心。

第三，形成个人风格。

比较知名的直播账号的封面都有较强的一致性，不会频繁变换风格，因为这有利于加深用户对账号的印象。

任务四　其他引流方式

一、与主播、名人合作"增流"

如果有条件，主播可以经常在直播间与其他主播或名人合作直播，合作直播一般分为与其他主播"连麦"、邀请名人进直播间两种形式。

（一）与其他主播"连麦"

在抖音、快手这两个平台中，主播之间"连麦"已经成为一种常规的玩法。所谓"连麦"，就是正在直播的两个主播连线通话。具体来说，"连麦"的应用场景有以下几种。

1. 账号"导粉"

账号"导粉"是指主播引导自己的粉丝关注对方的账号，对方也会用同样的方式回赠关注，互惠互利。主播还可以引导自己的粉丝去对方的直播间抢红包等，带动对方直播间的氛围。

2. 连线 PK（对决）

连线 PK 通常是两个主播的粉丝竞相点赞，以点赞数判决胜负。这种方式更能刺激粉丝，活跃直播间的气氛，提升主播的人气。

很多主播在做连线 PK 时会觉得很尴尬，担心会冷场，或感觉自己废话太多，担心自己的目的性太强，不利于打造自己的好形象。主播要拿得起放得下，自然、轻松地应对各种情况。另外，主播可以开发更多的 PK 玩法，多样化的玩法更能激发粉丝们的互动热情，使直播间迅速升温。

（二）邀请名人进直播间

2020 年，很多名人直播带货的纪录被一再刷新。标签鲜明、综艺感强、直播频次高是名人直播带货步入正轨的标志性特征，很多与电商平台合作的名人主播基本可以做到每周直播一次，甚至有的名人可以每两三天就直播一次。

名人直播带货分为三种类型：一是名人做主播，搭配专业助理，推荐与自身专业能力相匹配的商品或符合自身形象的商品；二是名人做客专业主播的直播间，为商品进行广告背书，这是名人直播带货最初级、效率最低的模式；三是名人与网络头部主播合作联合带货，这已经成为直播带货的流行趋势，且在"名人＋头部主播"的带货模式下，销售数据通常是主播单人直播时的两倍，让一个晚上的销售额破亿元成为可能。

名人与主播的直播间互动可以实现"双赢"，因为名人的到来会进一步提升主播的粉丝量，并且名人与主播共同宣传，对于提升主播的影响力会有很大的帮助。与此同时，主播会利用自己的影响力为名人代言的商品进行宣传推广销售。值得一提的是，头部主播邀请名人进入直播间是主播积累社交资源的重要部分。

一般来说，有能力邀请名人进直播间的主播大多是头部主播，且名人进直播间往往与品牌宣传有很大的关联。

直播脱贫是阿里巴巴的特色电商脱贫模式之一，同时展现出了强大的脱贫带动力。据不完全统计，已有超过 300 位县长、20 多位明星走入淘宝公益直播中，为超过 300 个贫困县域的超千种农产品进行带货。在广袤的乡村里，还有不少农民拿起手机，自己成为主播。截至 2019 年 11 月底，在淘宝的公益直播超过 120 万场，带动了农产品，成交量达到了 40 亿元，而且公益直播覆盖了全国 31 个省、市、自治区的 2000 多个县域，平台上的农人主播也已经超过了 5 万名。

二、企业领导助播"增流"

很多品牌商和企业领导看准了直播的影响力和营销力，纷纷开始站到直播镜头前侃侃而谈，且大多数企业领导所参与的直播都获得了成功。企业领导亲临直播间为主播"站台"，也在一定程度上扩大了主播的影响力。

三、硬广告宣传

硬广告是指直接介绍商品以及服务内容的传统广告形式。像电视广告、广告牌、杂志广告等都属于硬广告。虽然硬广告具有传播速度快等优点，但是其缺点更加明显，具体包括以下几点：① 费用昂贵，广告投入的成本高；② 数量过多，同质化很严重；③ 渗透力比较弱，时效性比较差。

在采用硬广告的引流手段进行直播营销时，要注意尽量避开其缺点，发挥其优势，这样才能取得期望的效果。

四、软文推广引流

软文推广顾名思义就是通过间接的方式进行广告营销，消费者虽然看得出是在打广告，但比较容易接受。相对于硬广告而言，软文推广的接受度和时效性较强，成本较低。软文推广也略有不足，那就是传播速度和见效比较慢。

现如今，在各大企业和商家的营销推广方式中，软文推广越来越受欢迎，所以在进行直播营销推广时，利用软文推广能获得不错的宣传效果。

五、视频引流

相较于文字、图片的宣传推广方式来说，视频引流的传播效果会更好，因为视频的表达形式更加直观明了、生动形象，易于被受众所理解。

在现在这个快节奏时代，越来越多的营销人员开始利用短视频进行推广和引流，短视频社交平台的火热更是证明了这一点。

B站一位美食区的UP主（上传者）就利用自己在平台上投稿的短视频来进行引流，只要点击"UP主推荐广告"即可跳转到相应的页面。

六、直播平台引流

在各大直播平台上，一般都会有"推送"或"提醒"的功能设置，在正式开始直播之前，可以将开播的消息直接发送给关注主播的粉丝。这样既能在直播平台进行预热，提高直播间的人气，吸引更多关注；又能提醒主播利用这段时间做好直播的各种准备工作，如直播硬件设备的调试，以便达到直播的最佳状态。

　　以京东直播平台为例，受众可以在主播直播的预告页面点击"提醒我"按钮，平台会在直播即将开始时发送消息提醒。

任务五　直播时间选择

一场成功的直播，离不开主播对时间的选择。主播要想把握直播节奏，正确引导粉丝，就要学会在适合的时间做合适的事，不能顾此失彼。所以，合理安排选择直播时间，才能够掌握规律，做到得心应手。

也许不少人会觉得做直播是一个自由职业，不用准时准点考勤打卡。其实不然，虽然主播的直播时长与直播的收益并不是绝对的正比关系，但直播时间与时长的稳定性对一个主播来说是非常重要的。

一、5:00—9:00 新人主播开播较多

俗话说："早起的鸟儿有虫吃。"这个时间段观看直播的人群，一般是在通勤路上的人，早上直播的主播少，这个时间段是最佳的"养粉"时间段，粉丝即流量。如果能把这个时间段的观众掌握住，对新人主播是非常有利的。

二、9:00—12:00 中型主播开播居多

上午流量很大，并且观众可能是高消费人群，比如中小型企业的老板，这个时候他们可能刚刚开完会，这类人有稳定的收入。这段时间很多人都在工作，所以竞争比较小，但是观众可能不会一直在直播间。

三、12:00—14:00 中型主播开播偏多

在经历一上午的工作后，这个时间段的人们是疲惫的，大部分用户只想好好休

息放松，刷刷段子，在直播广场打发时间。所以选择在这个时间段直播的主播们，就要想想如何让用户得到心灵上的放松与慰藉，主播可以聊聊轻松幽默的话题，这也是积累粉丝的过程。

四、14:00—19:00 中等流量主播开播多

从这个时间段开始，可以说基本所有的主播和粉丝都开始活跃了，人们的状态和心情也会慢慢地放松，很多工作量不大的人，都在刷手机，寻找好玩的直播间，对直播内容的要求也更高。

五、19:00—23:00 消费能力超强

这个时间段无论是小主播还是大主播都出动了。晚上大家休闲时间集中，因此适合长时间观看直播。但是，这时候的大部分用户会被小时榜上的主播吸引，不利于新主播。但对于有基础粉丝的主播来说，此时直播更利于促进粉丝消费。

六、23:00—凌晨 05:00 冲动消费多

人们的意志力在凌晨是很薄弱的，非常容易冲动消费，所以这个时间段是购物的爆发期。这时候的观众群体容易被说服，容易产生购买行为。凌晨是人心理防线较弱的时候，也是增强粉丝黏性的好时机。

选择不同的时间段达到的直播效果也不同，每个主播可根据个人直播情况自行选择直播时间。清楚了解不同时段不同观众群体的特性，根据自身的直播风格定位，分析观众画像，确定各个时间段观众群体与自己的定位是否相符，选择正确的时间段更利于新人主播快速成长。但要记住，不管怎么选择时间段，直播的内容还是最重要的，所以主播们对待直播一定不能偷懒、敷衍，天道酬勤，只要是付出过努力就一定会有成效。

●>> 实训任务

[任务名称]

直播间人气提升

[任务背景]

某公司刚刚步入电商直播的行列，想要开展一次直播活动，如果你是公司的员工，你会如何开展直播活动以提升人气？将直播准备的内容写出来，进行分组讨论。

[实训目的]

（1）了解直播活动。

（2）了解直播间人气提升的方式。

[实训要求]

（1）能够根据要求，进行直播间人气提升工作。

（2）能够通过直播准备工作，进一步了解电商直播。

●>> 考核评价

学生分组学习本模块，每小组 4~6 人。学习完本模块后，各小组成员进行自评（优、良、差），并填写考核评价表。

考核评价表

模块名称	考核内容	学生自查
直播准备	了解直播活动	
	熟悉直播间人气提升方式	
	掌握直播时间的选择	
	掌握直播引流方式	
体会与收获：		

模块五　直播带货——农产品

情景导入

英国克兰菲尔德大学管理学院市场营销学和物流管理学教授马丁·克里斯托弗（又称马丁·克里斯多夫）曾说过："市场上只有供应链而没有企业。"确实，随着直播行业的迅速发展，直播带货使产品销量得到了质的提升，招商已经无法满足直播间货品需求。而在直播间里，产品的供应是维持商家直播运转的重要源头，如果没有充足的产品供应，那么电商直播也做不长久。

农产品直播带货也不例外，不仅需要做好商品的准备，也需要对供应链进行梳理，以此保障直播活动的顺利开展。

任务分析

众所周知，一场直播带货活动需要具备"人—货—场"基本三要素。货起到了重要的作用。因为没有商品，直播活动就如同无水之舟一样，失去了生命力。所以，商品准备及供应链的准备与选择就显得格外重要。

任务一　直播商品准备

"天下熙熙，皆为利来；天下攘攘，皆为利往。"许多知名电商企业都纷纷通过进入农村市场来获得市场份额，以期抢占农村市场先机，拔得头筹。各路豪杰可谓使出十八般武艺，各显神通，他们在农村电商市场的布局将带动农村经济的飞速发展。而开展一场农产品直播首先需要做好直播商品的准备工作。

一、选品的原则

（一）产品大众化

2020 年可以称为"名人直播电商元年"，当时，受疫情影响，不少商家选择直播带货。而在广大乡村地区，不少干部和农民亲自上阵，通过云端吆喝解决农产品销售难的问题，让直播成为"新农活"。

如何做好农产品直播营销？成功的关键是有好产品。再火的直播，如果没有好的产品也是不行的。那么，应该如何选品，或者说，哪些农产品适合做直播营销呢？

如果想让一款农产品热卖，产品最好属于大众化且为刚需的类型，例如脐橙、杧果等。产品的受众人群多少，就决定了市场容量大小。当然，需要注意的是，热销的农产品虽然市场需求大，但是意味着竞争压力大，产品要有亮点、有特色。

●>> 案例分析

助农直播间两小时涌入 500 万消费者，央视主持和书记县长联袂

大卖十省农货 [①]

一个小小直播间，带着泥土味的电商平台，把中国的城市和乡村，连成了一家。2021 年 12 月 23 日 18 点，央视财经联合拼多多推出"迎新年——拼农货"家乡好物节百亿补贴专场，央视主持人周运、陈蓓蓓携手湖北宜昌秭归县县委书记杨勇、广西桂林荔浦市委副书记孙志武、湖北恩施来凤县县委副书记兼县长张作明三位市县领导，力荐秭归脐橙、荔浦芋头和马蹄、来凤藤茶与凤头姜等当地好农货。

本场助农直播央视派出了强大阵容，除了本场主持"加蓓好运"组合，陈伟鸿、姚雪松等 9 位央视主持人以暖场视频方式，推荐了福建好茶、响水大米、湖南米线等家乡好物。拼多多还用果园、短视频、搜索等资源流量和"百亿补贴"，助力温县铁棍山药、宁夏枸杞等全国十几个省市自治区的优质地标农货上行，蒙牛纯牛奶、良品铺子零食礼包等品牌农副产品更以全网实惠价让利全国消费者。

短短 150 分钟，近 500 万名来自全国各地的消费者涌入直播间点赞、下单、抽奖，伴着直播间里的苗族和土家族歌舞，掀起了热热闹闹的"春晚"新年氛围。

通过上述内容不难发现，在直播销售农产品的时候，一定要选择大众化的农产品，不要选择一些较偏门、冷门，不被大家熟知又不好运输的农产品，这样才能够提升产品的销量。

（二）直播带货产品与账号定位属性相关联

视频内容要与账号定位垂直，系统才会根据你的垂直内容贴上精准标签，将视频推荐给更精准的用户。直播带货产品选择也一样，账号如果主攻水果，直播带货产品应尽量选择与水果相关产品。这样做，一方面主播对产品的熟悉度高，另一方面符合粉丝对账号的预期，更有助于提升产品转化率。

---

① 天眼新闻 . 助农直播间两小时涌入 500 万消费者，央视主持和书记县长联袂大卖十省农货［EB/OL］.（2021-12-24）［2023-05-30］. https://baijiahao.baidu.com/s?id=17200268754446546244&wfr=spider&for=pc. 有删改 .

（三）价格实惠

1. 价格实惠是王道

（1）价格是吸引关注的利器。

价格实惠并不是要和别人打价格仗，而是说，需要选择合适价格区间的农产品。爆款农产品的价格区间一般为 60 元以下，在这个区间，必须做到产品质量过硬而且为大家所需要，也就是要做到性价比极高。越能迎合大众的需求，就越能降低消费者购买的决策成本，越吸引人关注。例如，在直播间购买 10 斤脐橙只需 7.8 元，而同等规格脐橙在超市的售价约为 8 元 / 斤。

（2）价格低更容易产生爆款。

"价格合适 + 味道好 + 好的服务"，最后通过直播营销，更容易产生爆款。

2. 销售渠道宽广促使价格更加优惠

在互联网高速发展的今天，短视频、直播对于很多人来说并不陌生，互联网上的短视频、直播平台也多种多样，营销者可以将视频发到各直播平台上，让更多的人观看，以达到宣传的目的。随着智能手机的发展，应用移动互联网和智能手机的平台也不断涌现，为视频营销提供了更多的渠道选择。

农产品是所有人日常生活中必不可少的物品。过去由于信息不畅通、物流有局限、部分农民缺乏互联网和市场营销的相关知识，农产品一般由农民卖给经销商，再由经销商卖给消费者，主要利润流向了中间环节，农民和消费者都没有得利；还有一部分农产品由农民运输到附近集市上售卖，辐射距离短，受众面小，销量难以保证。有不少偏远地区的农民，大半辈子务农，种植果蔬、杂粮等，产出的优质农产品也仅仅是卖给周边比较熟悉的村民和熟人介绍来的一些客户，极大地限制了农民增收。而消费者青睐新鲜、自然的特色农产品，但由于途径有限，对农产品了解不充分，难以接触到真正好的农产品。在互联网、智能手机等基础设施和设备普及率越来越高的时代，以农民为主体的自媒体视频创作者，在农村拍摄以农村原生态地理风貌、风土人情、美食特产等为主要内容的短视频，发布到各大社交平台上。在他们中，开直播等越来越流行。直播具有互动性强的特征，利用直播平台，农民可以和全国各地的观众进行即时互动，打破信息壁垒，农产品信息可以直达消费者。同时，农村越来越便利的物流体系，使消费者可以直接从农民手中购买农产品，通过物流方式接收所购产品，削减了中间环节，砍掉了相当一部分中间费用，农民能以更高的价格卖出农产品，消费者则能以更低的价格购买农产品，双方真正受益。此外，这样一种商业活动可以疏通城乡消费网络，增强城乡之间的交流互动。现如今农民直播带货已经不是什么新鲜事了。

（四）选择复购率高及复购频率高的产品

农产品本身利润不大，想要持续性赚钱、提高直播间的人气，复购率就很重要了。以水果为例，在农产品行业中，水果的复购率是比较高的。在直播时，选这样的产品进行推广，比较容易有延续的购买率。

例如脐橙这类大众化水果，很多人买了第一单，如果觉得产品不错，服务好，性价比高，一般还会复购，或推荐给亲朋好友。

但是有的农产品，用途决定了复购频率不会特别高，复购周期会比较长，例如茶油，这类产品即使质量很好，复购频率也不会太高，一般一个月复购一次，就算比较成功的了。在做直播营销时，主播和商家需要了解不同产品的复购规律。

（五）选择强有力的供应链支撑的产品

只有好的产品才能获得消费者的青睐，留住消费者。那么好的产品具备什么条件呢？应该是品质好、性价比高、包装精美。要有这样的产品，就必定离不开强有力的供应链的支撑。一个优质的供应商可以及时、有效为直播间提供产品，提高直播间效率。

（六）标准化农产品较受欢迎

什么是标准化产品？工业流水线生产出来的都是标准化产品，比如手机、汽车、电视等，只要是一个型号，上百万辆、上千万台，都是一个标准，质量、性能指标几乎完全一致。消费者购买这些产品，往往顾虑很少，因为产品质量稳定，出现质量问题的概率极小。

而农产品大小、颜色、口感、品质各不相同。举例来说，消费者在直播间看到的农产品色泽鲜艳、圆润饱满，而收到的实物可能色泽暗淡、又小又有损伤。甚至，同样大小的农产品可能也有差异，比如同时买的一箱苹果，个头大小都差不多，味道上可能有的酸、有的甜、有的寡淡无味。

非标准化的农产品卖给消费者最容易招致差评，来看一个消费者收到非标产品后的评论——"差评，苹果又青又大小不均，还有伤，下面一层比上面一层要小很多，跟图片完全不符，尝了一下，不甜不酸没味道，明知道没办法退货，就发这种产品，简直就是骗子，以后坚决不在网上买水果！"

出现这类令消费者寒心的问题，当然不排除是因为部分奸商故意欺骗，但更多是商家在选产品过程中选择了非标准化产品，导致消费者产生了收货前后的心理落差。

为了避免上述问题，在选产品环节就要注重对标准化农产品的筛选，标准化农产品的顾客满意度和复购率更高。

农产品应以高度标准化为准则进行生产，农产品从新品种选育的区域试验和特性试验，到播种、收获、加工整理、包装上市都应有一套严格的标准，种植者必须严格遵守。农民种植瓜果蔬菜，采用什么品种、何时下种、何时施肥、施多少肥、何时采摘，都有严格的规定。

比如奇异果，它的原产地是中国，但是由于国产奇异果的标准化程度有待完善，当前全球奇异果市场上，销量最好、名气最大的反倒是新西兰奇异果，因为当地的奇异果种植有一整套标准体系，涵盖种植、采摘、分拣、流通等环节，确保产品的高度一致性。在超市看到的新西兰奇异果，其大小、色泽、口感非常一致。

这些标准化农产品不仅可以大大消除消费者收货前后的心理落差，而且能以较高的标准品质获得较高的销售溢价和高额利润，这就是标准化农产品的成功。

并不是所有农产品都适合直播带货，目前来看，直播的农产品应尽量做到标准化，没有标准化，就没有品质稳定的商品。

那么，如何去筛选标准化的农产品呢？关键要看其是否符合以下条件。

1. 进行标准化生产

尽管农产品无论采用什么样的标准，都无法像工业品那样做到规格、性能、质量几乎完全一致，但可以通过标准化生产，将产品差异性降至最低。标准化生产的农产品需要遵循严格种植、生产标准和流程，以蔬菜为例，标准化种植要做到以下几点：

第一，选用优质品种，种植前进行浸种、消毒处理；

第二，同种蔬菜要结合品种的早、中、晚熟性，不同种蔬菜依据植株高矮、生长期长短等差别，合理搭配种植结构；

第三，合理安排蔬菜栽培前后茬口，实行淡季多茬栽培，旺季主副茬栽培，调节市场供应；

第四，采用遮阳网、防虫网覆盖栽培，推广应用声频信号发生器等设备；

第五，采用有机复合肥和生物有机肥，推广有机栽培，提高蔬菜品质；

第六，通过应用节水栽培措施，示范推广按时、按需提供肥水的微灌、施肥一体化技术。

2.进行标准化包装

农产品的外包装需要根据产品的特性来进行设计，要做到防潮、保温、抗震、防磕碰等，并实现包装的统一性，这样产品交付到消费者手中，才能最大限度地消除消费者不满意因素。

大部分农产品都要透气，空气不流通很容易造成腐烂，所以包装设计上要注意透气性，让水果可以正常呼吸。

3.标准化服务

好的服务是形成客户口碑的一个重要因素，农产品的标准化服务主要体现在两个方面："最后一公里"配送和售后服务。

"最后一公里"配送解决的是便利性和时效性的问题，消费者收货需要多长的时间？自提还是送货上门？这些问题都需要有一个标准化的应对规范。

而售后服务问题主要包括以下几点。第一，详细的产品信息介绍，告知消费者产品相关信息、特性以及运输中可能出现的问题，同时设计好产品使用说明，包括如何保存、保质期多长、如何食用等。第二，及时处理质量问题，要对质量问题的处理做出承诺，打消消费者后顾之忧。某农产品直播电商为每一位购买杧果的用户附上了关于如何对杧果进行催熟的温馨说明，大大地提升了用户的满意度，复购率也在无形中得以提升。

（七）亲自使用产品

带货不是把佣金挣到手就行，主播要对自己带的货负责，这是树立自己品牌的必然要求。对于要卖的产品，要亲自使用，只有有了亲身体验，才能知道它到底是不是一款好产品，能不能满足粉丝消费需求，也能知道产品特性如何，在带货的时候能为粉丝很好展示该怎么使用。主播的使用体验也能给粉丝带来安全感，他们会对产品产生更大的信任。

例如，主播要想卖一种号称非常甜的橘子，必须事先知道是否真的甜，最好有数字化的甜度，也要知道入口后的渣滓多不多，是有籽的还是无籽的，还要知道它和其他橘子的不同之处、它的营养成分有哪些，粉丝对橘子有哪些需求，主播卖的这种橘子能否满足他们的需求，主播亲测过后才能得出结论。做好这些，主播才能在直播间根据实际使用感受向观众推荐，才会更有说服力，粉丝才会更加信任主播。

（八）按照粉丝需求选品

根据直播账号针对的具体消费群体和不同场景的不同需求，应选择不同的带货产品。从用户的角度来看，在哪里购买产品不是最重要的，产品能解决遇到的问题，满足某个场景下产生的需求才是最重要的。关注主播的粉丝一定是因为主播的直播间的特定属性能满足他们的需求，在选择直播带货产品时，主播一定要了解直播账号上粉丝用户的属性和需求，根据粉丝来选择产品。

（九）选择高热度产品

热点意味着高的关注度。与发视频贴合热点的逻辑一样，直播带货产品也可以通过贴合热点的方式来实现广传播、高销售。热点可以与时间相关，例如端午节要吃粽子、中秋节要吃月饼，春季的草莓、秋季的梨；也可以是最近热议的某个话题。如果产品可以和这些热点联系上，在不违犯法律、道德的基础上可以适当"蹭热度"。

（十）组合式货品

直播间的货品组合一般分为三款，具体包括引流款、利润款和话题款。

引流款一般就是低价商品，比如9.9元包邮等价格相对较低或用户决策成本较低的产品。该类产品一般放在直播开头阶段展示，可以用来做"秒杀"活动，有利于营造直播间的热烈气氛，打消粉丝的购买顾虑。

用引流款让直播间人气达到一定高度之后，就可以展示利润款了。这类产品是能带来最大利润的产品，在直播间氛围良好的时候切入利润款，趁热打铁，更容易促使成交。

话题款一般是品牌货、联名款，或是话题性的爆款新品、明星同款等。这类产品能够让直播间粉丝产生兴趣，能够带来宣传点，利于主播宣传。

二、商品的准备

这里所说的商品就是主播要卖的农产品，一般可分为下面两类。

（一）自己的商品——带自己的产品

如果自家种植农产品或家乡有特色农产品，条件允许的情况下，主播可以通过直播来售卖它们。

好处：可以控制价格和产品的质量。

缺点：比较花费精力，既需要扩展流量，又需要做售后等。

（二）卖别人的商品——利用好物平台带货榜 TOP10（前十名）选品

在很多知名的带货平台，都会有当天带货量较高的爆品排行榜，主播可以找到排在前十名的产品中有哪些好的农产品，在直播时选择带这些产品。也就是说，自己或家乡没有合适的农产品，也可以带"别人"的商品。

好处：不用花大量的时间和精力操心产品售前及售后问题，可以更集中精力去做内容和流量。平台能够对产品进行一系列包装，完善服务，提升客户的满意度。

缺点：不能控制价格和产品的质量。

任务二　直播商品供应链准备

电商平台积极打通农产品供应链，同时要求，每一个环节都严把安全关，因为安全是老百姓极其关心的话题之一。

而主播输出内容与粉丝互动，为粉丝提供低价且优质的商品成为引流、获取粉丝信任的方式。因此，商品供应链是影响主播直播带货效果的主要因素之一。

一、了解商品供应链

（一）现有的成熟品牌商

其利用已有的供应链基础，保障直播商品的品质及有效供应，比如三只松鼠、密农人家等品牌，这类成熟品牌商一般采用跟明星或"网红"合作，或者采用品牌方自播的方式带货。

（二）产业带、货源地、工厂

随着产业带、货源地、工厂的规模化发展，联合开启直播带货、创建直播基地逐渐成为主流，这种模式可以极大地降低营销成本、提高运营效率，通过减少中间流通环节，产品直达消费者，助力行业高速发展。比如，阳澄湖的大闸蟹、东北黑土地大米等基地已初具规模，依托原产地优势，呈现出部分产业集中布局的态势。

（三）商场、市场

商场、市场适用走播形式的直播，使消费者产生身临其境的感受。商场、市场走播适合目前比较大众的主播，能帮助主播快速积累粉丝，锻炼直播能力，同时能满足用户多元化的购物需求。比如，主播直接来到当地的农贸市场，为观众现场讲解农产品知识，会收获较高的关注度。

（四）MCN 机构、供应链服务公司

有些主播没有商品供应渠道和优势，可以考虑与 MCN 机构或供应链服务公司合作，利用它们的供应链优势及服务能力。它们可保障高性价比货源，维护后续运营。这种方式适合正在发展期的主播，与 MCN 机构合作，不仅能为直播间提供高性价比的产品，还能为消费者提供优质的服务，帮助主播更快速成长。

可以说，电商直播大大改变了零售企业的传统销售渠道及方式。传统的线下零售产业链条长、中间流通加价环节多；传统电商平台减少了部分流通环节，但近年流量红利逐步消失，平台收取费用较高，商品性价比优势减小。而电商直播中，主播作为流量聚集中心，获取粉丝成本较低，品牌方直接通过主播触达消费者，既能短时间内达到品牌宣传的目的，又减少了中间环节和渠道成本，能够以更高性价比的产品吸引消费者。

一个传统企业，要达成 10 亿元销售额，可能需要一年时间，至少 1000 名员工；一个电商企业，要达成 10 亿元销售额，可能需要一年时间，至少 100 名员工；而现在通过电商直播，要达成 10 亿元销售额，可能不到一个月时间，十几人组成的直播团队就可以做到。因此，越来越多品牌方或者产业链基地通过引入"网红"主播或者自建直播基地的方式加入电商直播的行列。

二、农产品供应链准备

（一）找到适合的供应链

农产品是一种特殊的产品，不同于服饰类、美妆类产品具有相对较长的保质期，农产品的季节性较强，有的农产品保质期较短，也许只有几天或者十几天的时间。所以，供应链的选择是至关重要的。电商直播运营团队可以根据直播间想带的不同产品的具体情况选择不同的供应链，但是不论选择哪一种，最终目的是一样的，那就是将农产品完整而又高质量地送到客户的手中，提高客户对产品的满意度，提升客户转为"铁粉"的速度，让客户变成主播的忠实粉丝，进而提高产品的销量。

（二）选择适合运输的农产品

并不是所有农产品都适合长距离运输。不耐储存或者容易因挤压而破损的农产品，在长途运输过程中，容易发生产品品质下降、耗损率过高等问题。

例如，西瓜在运输途中容易发生破损，因耗损率过大而利润降低。因此，主播在选品时，一定要考虑农产品的运输难度。此外，直播带货后要在承诺时间内发货，要提前考虑一些不利因素的影响，比如雨、雪等特殊天气情况，在直播前制订出应急方案。对于不耐储存的农产品更应有完善的配送物流环节，否则，发霉变质的农产品将带来不好的评价，从而影响直播带货的效果。总之，物流选得好，可以说就成功了一半。

直播销售农产品，大家要高度重视。因为直播带货不仅按下了特色农产品销售的快捷键，更为乡村振兴发展提供了新的思路。考虑到运输情况，农村电商直播应做到以下内容。

1. 具备"火眼金睛"的选品能力

好的产品也需要通过运输的方式才能到消费者的手中，其在直播间下单，是因主播对农产品的介绍以及自身需求而产生了购买行为。他们对于产品的期望值是较高的，如果打开快递后，看到的是由于运输时间过长而腐烂的产品，他们的内心一定是非常气愤的。这对提高产品的满意度以及复购率是十分不利的。所以，适合运输的农产品才能够出现在直播间中。

需要具备"火眼金睛"的选品能力，选出适合直播带货的农产品，把好"门槛关"。在选择通过直播销售的农产品时，应充分选择具有当地特色、适合长途运输、产量具有一定规模的产品，使得宣传流量能转化为直接收益。

2. 加强物流运输的安全监管

加强农产品物流运输的安全监管，把好品质关。直播带货农产品的品质暂且不说，如果运输过程中出现了安全问题，一定会影响农产品在消费者心目中的印象。从而出现拒收或者退货的情况，影响商家的信誉与口碑。

（三）选择性价比最高的配送商

随着电商直播的市场规模日益扩大，背后存在的问题逐渐浮出水面，其中物流配送的时效问题已成为农产品售后无法回避的一大痛点。

直播带货绝不是把货物销售出去就万事大吉，还要面临售后工作中的挑战。每一件农产品从直播间到消费者手中的流转过程，离不开高效的物流配送体系，如何快速、高效、低成本、完好地将产品送达下单消费者手中，是电商直播从业者无法回避的一个重大话题。

1. 快速发货

直播结束后，要快速组织人力、物力，在承诺的时间内将订单货物发出，交到物流公司手中。

通常，发货速度越快越好，即便无法做到诸如京东、苏宁易购之类的大电商平台当日达、次日达的配送效率，实际发货效率也要达到以下标准：

第一，下单后 24 小时内发货；

第二，沿海地区 2~3 天送达；

第三，偏远地区 3~5 天送达。

如果是生鲜农产品，要进一步提高发货效率，缩短快递送达时间。

2. 第三方仓储

有些直播团队并没有自己专属的仓储设施，为了提高运营效率，可选择与第三方仓储公司进行合作，在选择第三方仓储公司时，首先要分析自身需求，可从以下几方面进行：

第一，物流规模大小；

第二，客户群体分布情况；

第三，每日进出库数量，SKU（最小存货单位）情况；

第四，商品周转率情况；

第五，配送时效要求和配送范围；

第六，对储存空间的要求；

第七，仓储预算。

对于第三方仓储公司的合作考察，可从以下几个角度展开。

一是硬件设施是否符合要求。

主要看第三方仓库的硬件、软件设施是否完善，是否符合特定农产品的储存要求，是否满足消防要求，能否确保产品安全、新鲜。

一定要进行实地考察，看仓库是否干净整洁，区域划分是否明确，包装区、库存区、入库区、退货区、二次加工区等是否一目了然。

二是费用是否合理。

要在安全性、服务性和收费上找到一个平衡点，尽可能选择性价比高的仓储公司，但不建议一味追求低价，只考虑价格，而不考虑其他要素。

三是人员配置和操作流程是否规范。

管理规范的仓储公司会有完善的人员配置和团队分工，通常仓库人员的配置有：项目组、客服组、收货组、库存组、发货组、二次加工组、IT（互联网技术）团队。日常沟通协调的任务由项目组完成，日常问题处理由客服组完成。

还要看其操作流程是否规范，是否具备严格的SOP（标准操作流程），包含产品入库、上架、发货、退货、二次加工等，是否具备完整流畅的服务运作体系。

四是能否提供个性化服务。

对于带货方而言，所带货产品有可能是不固定的，所以需要一些个性化的仓储服务。要看仓储公司能否在仓储环境、配送时效、配送地点、配送方式等方面满足个性化的要求，提供个性化服务。

五是口碑如何。

可通过仓储公司的服务客户和服务案例或通过第三方了解其服务口碑。

3. 如何选择物流公司

对于物流公司的选择要结合服务态度（揽件态度和送达态度）、服务费用、时效三方面进行综合考虑，找到适合自身的一个平衡点。通常，发货量越大，同物流公司谈合作条件的议价能力也就越强。

4. 生鲜农产品的冷链配送

生鲜农产品主要包括海鲜水产、肉蛋、奶制品、水果、蔬菜等，这些商品的毛利率高、重复购买率高，是生活必需品。但与此同时，保质期短和易损耗是生鲜产品的显著特征，需要借助冷链物流进行配送。

电商直播带货的生鲜农产品，绕不过冷链物流配送问题，冷链物流被国际物流行业称为物流领域的高峰，甚至在业内还有这样的说法：在生鲜电商竞争中，谁赢了物流，便赢了市场。

作为农产品销售方，在选择冷链物流时，考虑因素主要有以下几点。

第一，保鲜效果。要看冷链物流服务商能否达到商家要求的产品保鲜效果。

第二，服务费用。冷链物流服务费用要高于普通物流服务费，要看服务费用是否在自身承受范围之内。

第三，配送时效。要看冷链物流服务商能否在限定时间内将生鲜产品及时送到消费者手中。

●》》案例分析

消费者 A 住东北地区，她从某直播间下单购买了一些海南的热带水果，结果从下单到收货辗转十余天，消费者 A 称："本来很期待，一打开看，水果全都长毛了。"

消费者 B 居住在内陆某省，当他收到在直播间购买的海产品时，同样非常失望："我看他们在直播中说，所有的海产品都是冷链运输，保证拿到的货还是新鲜的，可是收到货我一看，里面冰都化了，海鲜泛黄，很倒胃口。"

面对这些情况，即使商家信誉良好、售后服务态度良好，给消费者退货和赔款，也会严重影响消费者再次消费的信心。

●》》实训任务

[任务名称]

直播带货农产品

[任务背景]

某公司刚刚步入电商直播的行列，想要开展一次农产品直播活动，组织实习生观看了一场以销售农产品为目标的直播，请你对观看体会进行记录，然后进行小组讨论。

[实训目的]

（1）了解直播活动。

（2）了解农产品直播带货。

[实训要求]

（1）能够根据要求，进行农产品直播带货。

（2）能够通过直播准备工作，进一步了解农产品直播与其他直播的不同。

●》》考核评价

学生分组学习本模块，每小组 4~6 人。学习完本模块后，各小组成员进行自评

（优、良、差），并填写考核评价表。

考核评价表

模块名称	考核内容	学生自查
直播准备	了解农产品直播的特点	
	如何对农产品进行价格定位	
	掌握农产品商品准备原则	
	掌握农产品直播带货的技巧	
体会与收获：		

模块六　直播规则

情景导入

每个从业人员都要遵守纪律和法律，尤其要遵守职业纪律和与职业活动相关的法律法规。遵纪守法是每个公民应尽的义务，对于主播而言，也不例外，必须遵守相关的法律法规。

任务分析

没有规矩不成方圆，无论做什么事情都要有规矩，在国家和社会层面，规矩指的是相关的法律法规。如果一个人不受法律法规的约束，那么这个人的行为可能违法。对于直播主播来说更需要了解相关的法律法规，以便能够更顺利开展直播活动。

任务一 了解直播相关法律法规

2020 年，中国广告协会发布国内首份《网络直播营销行为规范》，自 2020 年 7 月 1 日起施行。《网络直播营销行为规范》规定了商家、主播、平台以及其他参与者等各方在电商直播活动中的权利、义务与责任。《网络直播营销行为规范》是为营造良好的市场消费环境，引导网络直播营销活动更加规范，促进网络直播营销业态的健康发展，根据《中华人民共和国电子商务法》《中华人民共和国消费者权益保护法》《中华人民共和国广告法》《中华人民共和国产品质量法》《中华人民共和国反不正当竞争法》等法律、法规、规章和有关规定而制定的规范。

《网络直播营销行为规范》明确禁止以"刷单"、炒信等流量造假的方式虚构或篡改交易数据、用户评价，商家不得发布产品、服务信息虚假宣传，欺骗、误导消费者。网络直播营销活动的参与者包括商家、主播、平台方等，各类主体均需要遵守相关规范性要求。

一、营销活动所发布的信息要合规

该规范第四条一共列举了九类不得发布的信息，具体包括：反对宪法所确定的基本原则及违犯国家法律、法规禁止性规定的；损害国家主权、统一和领土完整的；危害国家安全、泄露国家秘密以及损害国家荣誉和利益的；含有民族、种族、宗教、性别歧视的；散布谣言等扰乱社会秩序，破坏社会稳定的；淫秽、色情、赌博、迷信、恐怖、暴力或者教唆犯罪的；侮辱、诽谤、恐吓、涉及他人隐私等侵害他人合法权益的；危害未成年人身心健康的；其他危害社会公德或者民族优秀文化传统的。网络直播营销主体发布直播活动信息，一定要做好内容合规性审核，不得在活动信息中包含前述九类禁止发布的信息，若违反了此规范触犯了相应的法律法规，需要承担相应的违法甚至犯罪责任。

二、保障消费者合法权益

保障消费者的合法权益受《中华人民共和国民法典》《中华人民共和国消费者权益保护法》等法律的保护，是经营者向消费者提供商品或者服务的内在要求。网络直播营销要保障消费者合法权益。网络直播营销活动应当依法保障消费者的知情权和选择权，需要全面、真实、准确地披露商品或者服务信息；严格履行产品责任，依法依约兑现售后承诺；不得利用刷单、炒信等流量造假的方式来虚构或者篡改交易数据和用户评价，虚假宣传，从而欺骗或者误导消费者。

三、保护消费者的数据信息

个人信息安全不仅关乎个体权益的保护，同时关乎国家整体的信息安全，因此个人数据信息的保护在多部法律中均有规定，包括《中华人民共和国民法典》《中华人民共和国网络安全法》《中华人民共和国消费者权益保护法》等，所以网络直播营销主体对于消费者数据信息的保护应当重视。《中华人民共和国消费者权益保护法》第二十九条明确了经营者保护消费者个人信息的义务。具体包括收集、使用消费者个人信息应当遵循合法、正当和必要的原则，同时要明示收集和使用信息的目的、方式和范围，并经消费者同意。经营者收集和使用消费者个人信息应当公开收集和使用的规则，这种规则不能违背法律法规的规定和双方的约定；经营者及其工作人员对于收集到的个人信息必须严格保密，不得泄露、出售或者非法向他人提供，且需要采取必要的措施来切实保障消费者个人信息的安全，防止消费者个人信息的泄露和丢失，若发生或者可能发生信息泄露、丢失的情况，需要及时采取补救措施；未经消费者同意或者请求，或者消费者明确表示拒绝的，不得向其发送商业性信息。相关法律为网络直播营销主体保护消费者的个人信息，提供了明确的操作指引。

四、商业广告要合规

根据《中华人民共和国广告法》第二条的规定，广告是指商品经营者或者服务提供者通过一定媒介和形式直接或者间接地介绍自己所推销的商品或者服务的商业活动。在直播活动过程中，网络直播营销主体发布商业广告需要遵守广告法及相关规范的要求，否则需要承担相应的民事、行政甚至是刑事责任。广告的合规主要包含两方面：第一，广告内容的规范性要求，例如，广告用语不能使用极值词语、不得损害未成年人和残疾人的身心健康等；第二，广告行为的规范性要求，例如，不得利用不满 10 周岁的未成年人作为广告代言人；利用互联网发布、发送广告，不得影响用户正常使用网络等。当然对于特定的商品或者服务，需要结合《中华人民共和国广告法》及相关行业广告的规范，做针对性的审核。

五、正当竞争和知识产权保护的要求

不正当的市场竞争行为严重扰乱了市场的正常经营秩序，因此我国专门制定了《中华人民共和国反不正当竞争法》来制止不正当竞争行为，维护公平的竞争秩序，保护消费者和经营者的合法权益。对于网络直播营销主体而言，重点需要避免在营销活动中出现以下几类行为：采用假冒或仿冒等混淆手段从事市场交易，损害竞争对手的行为；引人误解的虚假宣传；侵犯商业秘密的行为；经营者以排挤竞争对手为目的，以低于成本价格销售商品；损害竞争对手信誉的行为。

知识产权是权利人的一项重要无形资产，受到法律的保护。狭义的知识产权是指商标权、专利权和著作权，根据《中华人民共和国著作权法》《中华人民共和国商标法》及《中华人民共和国专利法》的规定，任何人未经许可，不得以商业的目的，擅自使用他人的知识产权，否则需要承担相应的法律责任。近年来，国家逐步加强了对侵犯知识产权行为的打击力度，不仅提高了知识产权侵权的法定赔偿额，同时司法在确定个案的赔偿额方面也有显著的提升。考虑到侵权违法成本，网络直播营销主体在开展直播营销活动之前，有必要对产品是否侵犯他人的知识产权进行事先审核，以规避侵权风险。另外，在 2019 年《中华人民共和国电子商务法》正式实施后，电子商务平台有义务根据法律的规定来构建相应的知识产权保护规则，因此允许开展电子商务活动的直播平台同样有义务来制定相应的规则，保护知识产权权利人的合法权益。

2021年4月23日，国家互联网信息办公室、公安部、商务部、文化和旅游部、国家税务总局、国家市场监督管理总局、国家广播电视总局七部门联合发布《网络直播营销管理办法（试行）》，自2021年5月25日起施行。《网络直播营销管理办法（试行）》作为贯彻落实《中华人民共和国网络安全法》《中华人民共和国电子商务法》《中华人民共和国广告法》《中华人民共和国反不正当竞争法》《网络信息内容生态治理规定》等的重要行政规范性文件，对规范网络市场秩序，维护人民群众合法权益，促进新业态健康有序发展，营造清朗网络空间具有重要现实意义。《网络直播营销管理办法（试行）》关于直播间运营者和直播营销人员做出明确规定，将从事直播营销活动的直播发布者细分为直播间运营者和直播营销人员，明确年龄限制和行为红线，对直播间运营者和直播营销人员相关广告活动、线上线下直播场所、商品服务信息核验、虚拟形象使用、与直播营销人员服务机构开展商业合作等方面提出具体要求。《网络直播营销管理办法（试行）》提出直播营销人员和直播间运营者为自然人的，应当年满16周岁，要求直播间运营者、直播营销人员遵守法律法规和公序良俗，真实、准确、全面地发布商品或服务信息，突出直播间5个重点环节管理。

《网络直播营销管理办法（试行）》还要求，直播间运营者、直播营销人员与直播营销人员服务机构开展商业合作的，应当与直播营销人员服务机构签订书面协议，明确信息安全管理、商品质量审核、消费者权益保护等义务并督促履行。

●>> 案例分析

虚假宣传[①]

所谓虚假宣传是指在商业活动中经营者利用广告或其他方法对商品或者服务给出与实际内容不相符的虚假信息，导致消费者误解的行为。网络直播销售中的虚假宣传主要包括两种行为：一是图文不符，推荐产品与实物不一致；二是夸大宣传，毫无根据地夸大产品功效。

[①] 任震宇.中国消费者协会发布网络直播销售七大侵害消费者权益现象［EB/OL］.（2020-11-09）［2023-05-15］.xiaofei.hangzhou.com.cn/xfzx/content/2020-11/09/content_9137005.htm.有删改.

　　某头部主播在电商平台直播间销售某品牌脱毛仪，后消费者在豆瓣、微博等平台集中反映该产品存在版本不一致的问题，实际收到的产品不是主播宣称的含蓝光消毒功能的版本。主播和商家在接到大量反馈后，最终同意消费者进行退换货处理，并给予一定数额的补偿金。此即"图文不符"的典型表现。相较于传统网络购物的图文详情，直播所展示的信息更为直观和概括，对于产品版本这类与产品功能直接相关的关键信息，主播应当在推荐产品的过程中予以重点说明并确保其与所售产品保持一致。

任务二 直播间规则

一、明确 12 类明令禁止销售的商品

下面简单梳理 12 类国家各项法律、法规中禁止销售的商品（禁售产品包括但不限于以下列举的商品）。

（1）仿真枪、军警用品、危险武器类。

禁止销售危险武器，如枪支、弹药、军火及仿制品等；禁止销售能致使他人暂时失去反抗能力，对他人身体造成重大伤害的管制器具，如弓、弩、电击枪等；禁止销售能用于危害他人人身安全的管制器具，如管制刀具等；禁止销售警用标志、设备及制品，如军服、警服、军警肩章、军警臂章、警用手铐等。

（2）易燃易爆品、有毒化学品、毒品类。

禁止销售易燃易爆危险物品，如手雷、炸弹、火药等，同时禁止出售介绍制作易燃易爆品方法的相关教程、书籍；禁止销售国家名录中禁止出售的危险化学品和剧毒化学品，如砒霜、氰化物、强腐蚀性化学试剂等；禁止销售毒品及与制毒相关的原材料、半成品、其他致瘾性药物。

（3）涉及人身安全，隐私类。

禁止销售用于监听、窃取隐私或机密的软件及设备，如窃听器、入侵软件等；禁止销售用于非法摄像、录音、取证等用途的设备，如隐蔽的偷拍设备、监听设备等；禁止销售身份证及身份证验证、阅读设备，如居民身份证原件、复印件、身份证读取器等；禁止销售盗取或破解账号密码的软件、工具、教程及产物，如盗号软件、黑客论坛账号、解封软件等；禁止销售个人隐私信息及企业内部数据，如个人资料、公司企业名录数据、隐私信息查询服务等。

（4）色情低俗，淫秽物品。

禁止销售色情淫秽音像制品，如淫秽视频、光碟等；禁止销售淫秽色情网站、论坛的账号；禁止提供淫秽色情表演和服务；禁止销售口服或外用的催情类商品；禁止销售用于传播色情信息的软件及图片；禁止出售含有色情、暴力、低俗内容的图片和刊物。

（5）反动等破坏性信息类。

禁止销售含有反动、破坏国家统一、破坏主权及领土完整、破坏社会稳定，涉及国家机密、扰乱社会秩序，宣扬邪教迷信，宣扬宗教、种族歧视等信息，或法律法规禁止出版发行的书籍、音像制品、视频、文件资料。

（6）医疗器械类。

禁止销售精神类、麻醉类、有毒类、放射类、兴奋剂类、含麻黄碱类商品；禁止销售国家公示已查处、药品监督管理局认定禁止生产、使用的药品；禁止销售未经药品监督管理部门批准生产、进口，或未经检验即销售的药品和医疗器械。

（7）非法服务、票证类。

禁止销售伪造变造国家机关或特定机构颁发的文件、证书、公章、防伪标签等；禁止销售赌博性质类实物商品；禁止销售尚可使用或用于报销的票据；禁止销售未公开发行的国家级正式考试答案；禁止销售可能会导致不良的社会影响的相关商品或服务，如论文代写，"刷单""刷流量"等。

（8）涉及盗取非法所得及非法用途软件、工具或设备类。

禁止销售走私、盗窃、抢劫等非法所得的手机等；禁止销售考试作弊工具、汽车跑表器材等非法用途工具；禁止销售卫星信号收发装置及软件，如用于无线电信号屏蔽的仪器或设备；禁止销售涉嫌欺诈等非法用途的软件。

（9）国家重点保护动植物、动植物器官及动物捕杀工具类。

禁止销售人体器官、遗体；禁止销售国家重点保护类动物、濒危动物的活体、内脏、任何肢体、皮毛、标本或其他制成品；禁止销售已灭绝动物与现有国家二级以上保护动物的化石，如象牙制品等。

（10）伪造、变造货币类。

禁止销售伪造变造的货币以及印刷设备。

（11）违犯国家行政法规或不适合交易的商品类。

禁止销售虚拟货币、相关挖矿教程攻略及挖矿机等相关软件硬件，如比特币及其挖矿设备、教程；禁止销售涉嫌违反《中华人民共和国文物保护法》相关规定的文物；

禁止销售烟草专卖品及烟草专用机械；禁止销售军需、国家机关专供、特供等商品；禁止销售未经许可发布的奥林匹克运动会、世界博览会、亚洲运动会等特许商品。

（12）其他类。

禁止销售由不具备生产资质的生产商生产的或不符合国家、地方、行业、企业强制性标准的商品；禁止销售国家命令淘汰或停止销售的商品；禁止销售经权威质监部门或生产商认定、公布或召回的商品；禁止销售过期、失效、变质的商品。

除了上述归纳的12类禁止销售商品外，还有一些国家法律所禁止销售的商品。无论是带货主播还是带货短视频的创作者，在进行营销前需要仔细确认所推销的商品是否属于可售范围，切勿一时大意出现违规销售的情况。

二、商品需要具备相关资质

在确保商品可售的前提下，带货主播（创作者）需对商品的相关资质进行了解，确保商品的生产、销售均符合国家规定。商品需要厂家获得依法授予的生产许可证后才能生产，在生产过程中，厂家需要遵守《中华人民共和国产品质量法》和相关的行业质量标准，质量达标的商品才可流入市场。对于一些特殊品类的商品，还需要取得其他相关的资质证明，例如从事食品生产的厂商需要具备《食品生产许可

小知识

很多短视频平台都联通了电商，短视频创作者理论上可以在平台中销售商品，一些制作达人会将自己亲手做的点心放在平台上出售，这种家庭式的作坊在短视频平台曾经存在过。一些销售出去的食品尽管包装精美，但没有生产日期、没有成分配料，甚至很多是未取得食品生产许可就出售的，这不仅会让消费者的食品安全得不到保障，也是严重违反平台带货规则的行为，平台会对账号进行封号等处理。

证》，从事药品生产的厂商则需具备《药品生产许可证》。

三、了解平台规定：自觉遵守，引以为戒

除了带货达人需加强自身意识外，无论是短视频平台还是直播平台，都对达人带货营销制定了相应的行为规范，这样既能保证各平台营销内容依法合规，还能促进互联网带货市场的繁荣发展。因为直播间不是法外之地，主播不能随心所欲、畅所欲言，其言行都要在定规范和约束之内，要注意规避直播的几大"雷区"。

（一）肖像权侵权"雷区"

《中华人民共和国民法典》规定，自然人享有肖像权等权利。因此，以公民的肖像权作为盈利工具必须征得当事人的同意。主播进行直播带货属于明显的盈利活动，因此在直播时应注意避免出现直播团队成员之外的人员，尤其是在户外生产基地进行直播时，更应注意保护第三方当事人的肖像权。如果他人不得不出镜，则主播要同其进行沟通，经其同意后才可以播出。

（二）着装言行"雷区"

主播应规避衣着、动作上的"雷区"，直播时应注意以下几点：
第一，女主播在直播时要避免穿透视、肤色系或超短裙等服装；
第二，直播镜头不允许聚焦于隐私部位；
第三，男女主播都要避免身体的文身部位暴露在镜头面前，可以使用肤色手套等进行遮盖；
第四，主播要避免做出暗示性的模仿动作，比如抽烟、喝酒等动作。

（三）夸大宣传"雷区"

主播推介商品时要避免夸大其词，要避免说出一些极限词、万能词等。《中华人民共和国广告法》明确规定了广告不得使用"国家级""最高级""最佳"等用语。因此在直播带货过程中要避免使用诸如"全网最低价""销量第一""排名第一"等绝对化字眼。比如在农产品直播中，在产品介绍部分不能使用绝对化的形容词或对

效用、性能进行虚假夸大的词汇，因为这些词汇容易误导消费者。

（四）虚假宣传"雷区"

根据《中华人民共和国广告法》的相关规定，广告不得含有虚假或者引人误解的内容，不得欺骗、误导消费者。《网络直播营销行为规范》指出，主播在直播活动中，应当保证信息真实、合法，不得对商品和服务进行虚假宣传，欺骗、误导消费者。

（五）商品质量"雷区"

主播带货要确保商品没有质量问题和价格欺诈问题，更要避免假冒伪劣商品进入直播间。根据《中华人民共和国消费者权益保护法》的规定，经营者提供商品或者服务有欺诈行为的。应当按照消费者的要求增加赔偿其受到的损失，增加赔偿的金额为消费者购买商品的价款或者接受服务的费用的三倍。

（六）平台的分级处罚制度"雷区"

分级处罚制度是指将平台中一些违规行为按照严重程度划分为不同等级，对不同等级的违规行为，平台会采取相应的处罚措施。这种分级处罚制度常见于一些直播平台中，各平台会根据具体的情况，将分级处罚与积分制度相结合，根据实际的违规情况给予不同程度的处罚。

以淘宝直播为例，淘宝直播将推广假冒商品行为视作"C类违规"，将严重破坏平台运营秩序或涉嫌违犯国家法律法规的行为视作"B类违规"，将其他一般类型的违规视作"A类违规"。根据违规者的行为严重程度，淘宝直播会予以限制内容发布或账号清退等处罚。

（七）不履行承诺的"雷区"

"言必信，行必果。"所有通过文案、直播标题或贴片内容，以及直播间口述等方式描述的价格优惠、服务承诺、赠品等，务必保证"真实、准确、有效"，承诺的内容务必保证执行到位，不得欺骗、夸大、误导、诱骗用户，切记，对用户负责，就是对自己负责。

●>> 实训任务

[任务名称]

直播相关法律法规

[任务背景]

某公司刚刚步入电商直播的行列，在即将开始直播活动前，组织实习生认真学习了相关的法律法规，请你对所知道的直播法律法规进行记录，然后进行小组讨论。

[实训目的]

（1）了解直播活动。

（2）了解直播法律法规。

[实训要求]

（1）能够根据要求，进行规范直播带货。

（2）能够通过直播工作，进一步了解国家对直播提出的要求。

●>> 考核评价

学生分组学习本模块，每小组4~6人。学习完本模块后，各小组成员进行自评（优、良、差），并填写考核评价表。

考核评价表

模块名称	考核内容	学生自查
直播准备	说出2条直播法律法规内容	
	说出5种触犯直播法律法规的直播行为	
	掌握国家对直播的要求	
	通过课外学习，补充其他关于直播法律法规的知识	
体会与收获：		

模块七　农村电商直播新玩法

情景导入

　　电子商务在中国城市已不是新鲜事物，但在广大农村，则正在崛起。随着互联网知识向农村普及，以及广大农民对生活品质要求的提高，农村电商迎来了欣欣向荣的春天，前景一片光明。农村电商的消费者数量正在迅猛增大，增长率远高于城市。一些著名的电商，如阿里巴巴、京东、苏宁等闻风而动，纷纷开辟农村电商市场；而在广大农村，有远见的农民也纷纷加入淘宝行列，要么跟大电商合作，要么建立自己的平台，依据本地特色，销售农产品，促进农村经济的繁荣，进而成就了越来越多的"淘宝村""电商示范村"。农村电商直播也应运而生。

任务分析

　　农村电商发展如火如荼，而且在原有模式的基础上，进行了改变创新，可谓令人眼前一亮。同时，农村电商平台还加快了与世界接轨的步伐，不断了解其他电商平台。

任务一　"家庭会员宅配"模式

或许你有足够的经验与资本做到在传统市场中游刃有余，但你不一定能玩得转农村电商。相对传统行业，农村电商行业更加复杂多样。其产业链上游涉及种植、饲养业等根基产业，下游涉及冷库、配送等技术性产业，而且资金投入周期长、资金回笼速度缓慢，还有不可控因素等，这些都使农村电商的发展受到制约。所以，发展农村电商千万不能以偏概全、盲人摸象，必须根据具体情况具体分析，用创意开启农村电商，尤其是农村电商直播新玩法。

一、农村电商创业新机遇

对外经济贸易大学国际商务研究中心主任王健教授表示，作为一个联结城乡消费的双向平台，农村电商的出现将有效推动乡村经济的发展，并对缩小城乡差距、实现共同富裕起到极为重要的作用。

2015 年 9 月，商务部对电商领域的相关政策文件做了详细解释，并联合其他部门在《商务部等 19 部门关于加快发展农村电子商务的意见》中提出建设新型农村日用消费品流通网络、加快推进农村产品电子商务等关于农村电商建设的内容。在国家政策的支持下，众多商家开始注意到农产品背后的巨大市场，这给无数创业者带来了千载难逢的新机遇。现阶段，即使阿里巴巴、京东两大巨头已经相继发力农村电商领域，但是在农产品电商化的初级探索阶段，市场仍然赋予了广大创业投资者无限的挑战空间。

国家不仅从政策上表现出对农村电商产业发展的支持，为鼓励培育更多的农村电商服务企业，还开展了咨询、培训、技术等一系列专业化服务。除此之外，国家在资金上对农村电商给予了充分保障。

2019年中央一号文件的出台为农村电商带来利好因素，其中就提到了支持乡村创新创业。

该文件指出：支持乡村创新创业。鼓励外出农民工、高校毕业生、退伍军人、城市各类人才返乡下乡创新创业，支持建立多种形式的创业支撑服务平台，完善乡村创新创业支持服务体系。落实好减税降费政策，鼓励地方设立乡村就业创业引导基金，加快解决用地、信贷等困难。加强创新创业孵化平台建设，支持创建一批返乡创业园，支持发展小微企业。

这有利于农村电商的深度发展。

2022年中央一号文件中的"聚焦产业促进乡村发展"部分提出"持续推进农村一二三产业融合发展""加强县域商业体系建设"；"扎实稳妥推进乡村建设"部分提出"大力推进数字乡村建设"。2022年中央一号文件提出实施"数商兴农"工程，推进电子商务进乡村，促进农副产品直播带货规范健康发展，加快实施"互联网+"农产品出村进城工程。

"互联网+农业"的商业模式将促进农村和城市产品的双向流通，为农产品进城打开了一条重要渠道。国家正在以鼓励创业的方式搭建起一个以农村为中心的全新生态体系，以此带动农村就业，实现城乡的双向发展。

编者认为，相比其他创业形式，有国家支持的农村电商创业拥有更多的机会，相关政策以及资金的投入无疑大大降低了创业的"门槛"，加速了电商创业的成功。对于创业者来说，在这股农村电商掀起的创业热潮中，能够抓住的机会有哪些呢？下面就一起来了解一下农产品电商领域已经出现的一些创业机会。

（一）农特微商创业

社交电商时代，农特微商具备重大的创业价值。这种全新的商业模式推动了产业流通变革，带动了农业的发展。在这个时代，每一个人都有可能成为创业者。只要你所在的地方拥有标志性特产，你就可以加入农特微商创业的队伍。

（二）农产品直供模式创业

这是互联网时代的一种全新的商业模式，即去掉中间渠道，实现农产品产地和城市中酒店、超市等机构的直接对接。传统农民大多对电商、采购、订单农业等概念了解不多，农产品缺少品牌已经成为制约其推广的重要因素，这就需要新时代的年轻人去组织、整合。因此，这是个非常值得探索的创业机会。

（三）县域农村电商物流创业

物流在电商发展过程中具有非常重要的作用，因此县域农村电商物流创业可谓是一个非常好的机会。快递体系不完善是限制农村电商发展的一大因素。目前京东等众多电商行业巨头已经对农村电商进行全面布局，这也直接推动了县级到村级物流网络的全面建设。从商业模式分析，实现县级到村级物流畅通，对实现农产品上行具有巨大的价值。

小知识

虽然"互联网＋农业"的全新商业模式将给传统农业带来巨大的变革，农村电商的快速发展为广大创业者们提供了许多重要机遇，但机遇总是与挑战并存，农村电商还面临着没有被破解的难题。由于环境不同，农村电商创业不可能完全照搬过往模式，没有捷径可走。要想在农村电商市场中脱颖而出，就必须对农村、农民有全面而深刻了解，打好基础，按部就班推进。

总之，农村电商创业必须从长计议。创业永远是风险和机遇并存，创业者要时刻做好面对一切的准备。"互联网＋"浪潮下，农村电商的号角已经吹响，"互联网＋农业"这种全新的商业模式能否真正落地执行，给企业带来新的发展方向和竞争优势，是创业者需要认真思考的问题。

二、"家庭会员宅配"模式

在现代商业社会，创新对于任何企业而言都是生存发展的原动力，农村电商必须依靠创新才能长久发展。如今，农村电商逐渐展露出几种新玩法，"家庭会员宅配"模式就是其中之一。

严格意义上，"家庭会员宅配"模式并非纯电商模式，其独特之处在于配送方式为创新的家庭宅配式，即把自家农庄的产品直接配送到会员家庭中。如此一来，配送过程中不需要第三方物流参与，可以大大节省企业成本。企业要想成功运行"家庭会员宅配"模式，必须做到以下几点：

第一，形成规模化种植及饲养，自己的地块自己做主；

第二，通过官网发布产品的供应信息，毕竟酒香也怕巷子深；

第三，保证会员可以通过网上的会员系统预订所需产品，待产品生产出来后可以及时按照预订需求配送到会员家中，确保产品的时效性。

这种模式的主要盈利来源为家庭会员的年卡、季卡或月卡消费，而不是其他形式的销售。

部分农村电商经营者或因自身认知问题，或受资金能力与规模限制，无法投入巨资建立自有电商渠道。因此，其大多依托淘宝 C 店（个人店铺）进行销售。"C 店销售"模式的最大卖点与传统销售思维强调的卖点相反。这种模式中，经营者大多将天然种植（绿色无污染、不打农药、不施化肥、不加生长素等）作为重点营销卖点。但是，货源依靠纯天然种植，存在很大的自然风险。所以，这种模式的农村电商经营者在经营过程中，一定要时时关注自然气候的变化并做好防护，尽可能地降低风险。

采用"C 店销售"模式的农村电商经营者，其初衷是为目标消费者提供健康的产品。但是，此类农产品大多数价格偏高，具备消费能力的目标人群基数不大。所以，采用这种模式的农村电商在盈利之路上还需慢慢探索。

有两位崇尚天然种植的经营者接受夏天西瓜的订单，100 斤起订，售价每斤 5 元。因为是小本经营，配送费用需要另外计算（或到指定地点自提）。同时，为了避免产品滞销和部分预订消费者不能按约定提货及付款的问题，经营者要求预订消费者事先支付合理金额的订金。如此一来，经营者可以根据预订消费者人数进行计划生产，保证种植的大部分西瓜都可以顺利销售，从而大大降低经营风险，确保利润最大化。

农产品私人定制渐渐风行，这种模式依靠创新的私人定制方法降低了经营风险，获得了较多利润。当今商业社会中，私人定制作为一种创意型销售模式，具有极大的发展空间与现实价值，也被许多农村电商经营者应用。

私人定制农产品与传统农产品种植的差异主要体现在销售思路上。一直以来，农民生产的农产品都是随行就市，由于市场行情变幻莫测，大多增产不一定增收。而私人定制则不同，它类似于"量身定制"的市场经济模式，没有太大的经济风险，也不易出现农产品滞销的情况，实现了农产品从传统的自产自销到产品定制、定向销售的转变，也为农民增产增收拓宽了道路。

私人定制农产品这种C2B（消费者到企业）的个性化模式，由消费者提需求，按照消费者的要求或者按照高标准进行全程农产品生产的模式正好降低了农民的生产风险，同时缩短了流通过程。

农产品私人定制的普及，一个原因是有消费者对目前农产品生产过程中不正确施用农药化肥等存在怀疑。随着国家经济的发展及人们收入的增加，百姓的消费水平及要求也逐渐提高，人们对食品的需求由吃饱、吃好逐渐向吃得健康转变。随着人们对绿色农产品需求的增加，按特殊需求预订农产品的人也多了起来。个性化、多样化消费渐成主流。同时，随着全球化、信息化以及物流现代化的发展，消费者多种多样的需求预订得以成为可能。

农产品的会员制营销与私人定制化服务，是在农村电商逐渐成熟的环境下应运而生的。农产品生产具有周期性和反复性的特点，商家可很好地开展会员活动，一次收钱，多次配送。根据消费者的个性化需求进行配送，经营者可以更好地与消费者进行多频次、多节点接触，从而把消费者牢牢抓在手上。

●>> 案例分析

农村养鸡户和周围100户村民组成了合作社，用统一的鸡种、统一的散养方式养鸡。同时，他们给数百户贫困户提供鸡种使之参与养鸡，成熟后以保底价收购。然后，他们既在自己的网店里卖，也打响自己的品牌通过当地供销社的网上平台来卖。

上述例子，只是电商改变农民赚钱方式的一个。根据央广网报道，农村电商自2009年以来呈现爆发增长的趋势，到2013年，仅在淘宝和天猫平台上，从县域发出的包裹约 14 亿件，淘宝网和天猫上注册地在农村（含县）的网店就超过了 200 万家。越来越多开网店的农民，依靠一台电脑和一根网线，依托本地传统产业，将各具特色的产品销往全国各地，成为"互联网 +"时代的农村电商，他们不仅改变着家乡，也改变着自己，在农村逐渐走上了一条独特的致富之路。

任务二 三级分销

互联网时代,农村电商的发展如火如荼。许多传统企业受农村电商市场丰富资源的吸引,纷纷摩拳擦掌,一头扎进了其中。这些传统企业逐步将线下活动转向了线上,以互联网为媒介,成立电商渠道部门,重点培养,并以极快速度开通分销平台,扩张渠道,快速招募分销商,想要占领农村市场。理想很丰满,但现实很骨感,传统企业的"触网"之路并不平坦。分销商的价格难以管控、库存不准,易造成产品市场混乱、断货现象出现,而且新产品发布不到位、分销商黏度低等问题接踵而至。面对一系列问题,建立自己的分销渠道已经成为传统企业迫在眉睫的任务。

一、农业三级分销系统构成

农业三级分销系统由加盟代理分销、会员商铺分销与个人商铺分销组成,如图7-1所示。

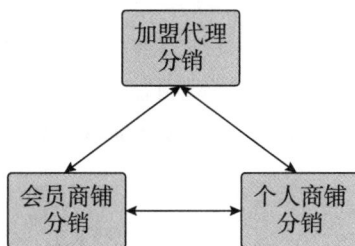

图7-1 农业三级分销系统

（一）加盟代理分销：低成本拓展分销业务

加盟代理分销能够帮助农村电商以较高效率、较低成本获得网络分销的能力。此模式还设立了多级分销商差异进货体系、逐级分销商返利体系，在企业增强自身实力的同时，也增加了企业的分销商数量，有助于企业实现占据市场的目标。

电商零售市场可谓是机遇与挑战并存。在市场竞争中，很多企业并不知道哪种业务模式真正适合自己。而加盟代理分销平台懂零售，更擅长分销，可以大大提高加盟企业的分销速度。同时，此平台兼顾批发、代销、零售，可以帮助企业灵活运转，实现低成本拓展与业绩倍增的目标。

在代理商方面，正规加盟代理分销模式和审核认证，可以帮助广大经营者高度把控自有分销商，有效实现自有渠道的建设及管理。

另外，加盟代理分销模式可以解决农村电商的核心运营问题。农村电商运营需要分销业务全程精细管理，集中掌控，从招商、营销、分销管理到下属管理，缺一不可。加盟代理分销模式使多级分销商管理体系得到有效监管，自定义各级分销商优惠折扣有利于企业发展。同时，不同产品线代理商权限控制可以有效保障经营者的权益，从而使广大经营者不需要为无法监控代理商的行为而忧心。

加盟代理分销商逐级返利，公平公正，可以平衡线上与线下的利益。此模式符合线下分润和返利的计算逻辑。逐级返利和推广返利双结合的模式，让分润不再单一地依靠线下渠道，推动了"线上＋线下"融合，实现"双赢"。

（二）会员商铺分销：线上店数量爆发式增长

会员商铺分销平台能够帮助农业品牌企业以较高的效率、较低的成本，快速搭建起成百上千家店面，并通过裂变效应让农业品牌的知名度迅速提升，使企业线上店数量呈爆发式增长，进而让企业产品铺满整个互联网。会员商铺分销平台可以实现移动互联网的全民营销、全网促销。会员商铺分销具有以下三大特点。

1. 开店速度极快

简单的开店流程让"网络小白"也可以现学现卖，实现零基础开店，从而大幅度提升个人开店的速度。

2. 蝴蝶效应

会员商铺分销模式可以集合农村电商卖家和线上、线下消费者，将其全部转化为商品销售的业务员，进而产生以一带十、以十带百、以百带千的蝴蝶效应，纵横交错，深度挖掘潜在的商机。

3. 二级店铺推广

会员商铺分销平台涵盖二级店铺的推广功能，让农村电商卖家、老客户协助推广，借助社交圈发展新客户，稳固老客户，进而促进三级分销商的产生。

（三）个人商铺分销：再次裂变式增长

会员的朋友与经销商的客户在会员商铺分销的基础上再次裂变，可以生成个人商铺，这就是个人商铺分销模式。如此一来，门店与门店之间可以实现库存互通、订单互调。个人商铺分销模式具有两大优势。

第一，该模式可以实现门店间的相互调配，达到库存少积压，避免生产过剩的问题，实现资源优化配置。

第二，门店以及总店后台可以便捷地获得店中店产生的交易信息，随时掌握交易情况，实现集中管控。

二、农业三级分销要点

做好农业三级分销，可以帮助农村电商企业最大限度避免销售过程中出现的问题，对农村电商企业而言是一种急需掌握的销售模式。下面强调农业三级分销相关要点。

（一）代理要有"门槛"

代理要设限，经营者不能只要数量而不要质量。分销企业的代理商对于分销企业而言至关重要，其经营能力在很大程度上决定了分销企业的盈利能力，其行为也会在很大程度上影响分销企业的商业信誉。

（二）互联网市场前景广大

如今，我国政府大力扶持农村电商的发展，农业三级分销在互联网领域存在极大的发展空间。互联网的大数据平台让微信三级分销、微博三级分销快速发展，不少国内知名企业都已开通微信、微博等网络分销渠道。广大农村电商企业应把握机遇，在网络平台上大力发展自身的三级分销渠道，从而占据更大的市场份额。

三级分销能帮助企业将客户变成合作伙伴，让分享成为获取利润的有效手段。互联网时代，面对知识的快速更新迭代，农村电商企业要不断学习探索，乐于求知，扬长避短，在借鉴别人的同时加入自己的特色，从而不断创新并提高自身盈利水平。

模块八　农村电商产业园的打造

情景导入

　　我国的电子商务发展如火如荼，已经成为促进经济增长和拉动就业的力量，在新的消费浪潮的推动下，促进地方电子商务发展、扶植网商群体的快速成长已经成为政府以及企业十分关注的内容。

　　电子商务产业园是随着我国电子商务产业的快速发展而逐步建立的，处在快速成长期。作为促进区域电子商务产业发展、引领产业结构调整和转型升级的重要空间聚集形式，电子商务产业园担负着聚集电子商务创新资源、培育电子商务服务业以及促进经济繁荣和社会进步等多方面的职能。因此，加快电子商务产业园的建设和发展，成了全国诸多地方政府共同的选择。

任务分析

　　电商产业是人才、知识、资本密集型产业，作为一种新兴产业，电商产业与传统产业一样具有完整的产业链条，需要完备的配套服务。发展电商产业同样要实现产业集中和产业集聚以降低整体成本，提高产业效率。建设电商产业园是实现产业集中和产业集聚的有效形式，是电商产业发展规律的内在要求。

　　农村电商产业成为活跃城乡市场的重要渠道。发展农村电商产业，是转变农业发展方式、带动农民增收的有效抓手，是促进农村消费、满足人民对美好生活向往的有力支撑。

打造农村电商产业园是一项系统工程，既要建设基础设施，又要有运营策略方面的支持。开展农村电商产业园规划建设工作，可分三步：第一步是明确农村电商产业园选址与建设相关内容；第二步是确定产业园招商方案与执行步骤；第三步是制定产业园运营策略。只有环环相扣、循序渐进，农村电商产业园的建设才能水到渠成。

任务一 选址与建设

一、电商产业园发展的三阶段

近年来，随着我国电子商务的不断发展，各地规模不同的电商产业园星罗棋布，逐渐形成电商集群式发展的势头。同时，电商产业园在不断转型升级。这个过程表现为三个发展阶段。

（一）第一阶段：2007—2008 年

第一个阶段是 2007—2008 年，电商产业园概念诞生，运营模式类似房屋转租，即把简单的服务整体打包，然后赚取差价。

（二）第二阶段：2009 年前后

第二个阶段为 2009 年前后，阿里巴巴开始与各地合作建立电商产业园，通过政府扶持、淘宝支持，大批网商快速成长，但随之快速迁出。

（三）第三阶段：2011 年年底至今

第三个阶段为 2011 年年底至今，电商产业园整合物流、快递等资源，集合信息平台对接、仓储拣货、打单打包、发货配送、云客服等，逐步形成整条产业链模式的新型电商产业园。

二、选址与建设要素

纵观古今中外，凡是成功的事物不外乎具备天时、地利、人和三个因素。所谓"地利"就是环境有利于人。选址是否具备"地利"因素，直接关系到产业园建设的成败。在农村电商产业园建设中，先要进行功能定位，然后根据定位进行产业链布局。明确定位和布局后，再进一步建设硬件设施。选址与建设要素如图8-1所示。

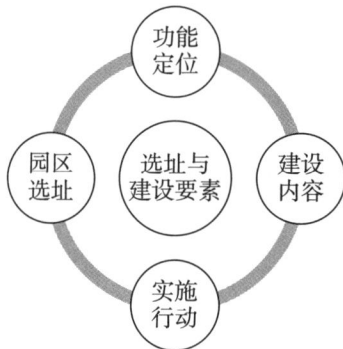

图 8-1　选址与建设要素

（一）园区选址

农村电商产业园的选址应以人与自然环境和谐发展和人文关怀为理念，即以有利于农村电商工作者生活、工作发展为出发点，从区位战略优势角度对目标选址的道路交通、配套基础设施、物流配送等情况进行综合评估，最后整合各方面优势，规避不利因素，择优选址。

（二）功能定位

1.基础服务

（1）物业服务，包括绿化、安保、车管、公共设施养护、广告位出租管理等。

（2）周边配套服务，即产业园周边设有超市、中高端酒店、咖啡厅、茶楼、美容院、药店等。

（3）生活配套服务，即产业园周边设有青年公寓、加油站、篮球场、幼儿园、公交站 / 地铁站等。

2. 公共服务

（1）提供大、中、小不同户型的办公场所，智能仓储"一站式"发货，专线网络定期维护，以及多媒体设备、会议室、培训室等。

（2）建立高层次社交圈、电商俱乐部、社团组织等，与开设电子商务专业院校合作、为学生提供实习基地，与人才服务机构合作，引进电商人才。

（3）提供资讯、投融资、法律等关联服务。

3. 第三方配套服务

（1）服务中心：提供包括网站构建、页面设计、图片拍摄及后期、模特、广告文字编辑、策划及翻译、培训等服务。

（2）通信机构：提供云主机、无线覆盖、电话、短信等服务。

（3）邮政机构：提供银行网点、邮件投递等服务。

（4）认证机构：提供产品质量检测服务。

（5）金融机构：提供担保贷款，协助企业财务工商、税务咨询，以及提供企业贷款、资产管理、法律顾问等服务。

（6）院校合作：与相关院校合作，建立人才库，引进电商专业人才。

（7）实体商家：与合作社、批发商等合作，提供优质农产品供应商渠道，自建配送团队，实现及时配送。

（三）建设内容

1. 运营中心

按照政府搭台、市场运作原则，农村电商产业园内应组建拥有专业化电商管理团队的管理公司，并以公司为主体，负责运营中心的管理。

运营中心的主要功能包括：村级服务站建设、管理；村级代购管理；县村仓储、二段物流服务；电商培训、市场推广和参观接待等。运营中心应开设办公区、培训室、会议室、产品展区、储物间等。

2. 公共服务中心

公共服务中心应采取企业运营模式，并坚持以公益为主、以市场为辅的服务原则，为农村电商搭建实体和网络服务平台，提供相应服务，推动农村电商品牌建设。公共服务中心应包括接待室、内部办公区、外部机构综合办公大厅、多功能厅、摄影棚、智能仓储"一站式"发货区等。

3. 电商孵化中心

电商孵化中心应针对农村电商实际运营中遇到的人才、技术、资金等问题搭建孵化平台，使被孵化者实现轻资产、零"门槛"创业，达到快速起步的目的。电商孵化中心应为中小企业和创业者提供办公场所。

4. 仓储配送中心

被评为"淘宝村"的福建省仙游县的做法是与阿里巴巴集团合作农村淘宝"千县万村计划"。"千县万村计划"中的核心部分，即在3~5年内投资100亿元，建立1000个县级运营中心和10万个村级服务站，为制约农村电商发展的配送问题提供解决办法。

（四）实施行动

由有关部门牵头，到农村电商发达地区调研考察，引进一批具有一定知名度的电商及服务企业。

制订农村电商产业园打造方案，组建相应机构，出台优惠政策。

搭建网络专线，进行相关基础设施建设。

开展调查工作，初步制订农村电商企业入驻产业园方案。

仍以仙游县为例，进行说明。仙游县的做法是成立"一办两案三小组"，安排电子商务专项资金。

一办，即成立仙游县电子商务公共服务中心。

两案，即出台《仙游县人民政府关于印发仙游县加快电子商务发展的若干意见的通知》和《仙游县人民政府办公室关于印发仙游县创建福建省农村电子商务示范县方案的通知》，重点扶持自主平台建设。

三小组，即仙游县加快电子商务发展工作领导小组、阿里巴巴农村淘宝项目工作领导小组、阿里巴巴农村淘宝项目执行小组。

2016年年底，仙游县已建成1个县级电商运营中心、51个村级服务站点、30个特约分站点，覆盖5个贫困村、7个空壳村。其在线上线下同步开设"仙游特色馆"，展示仙游特色农产品，助推当地企业上行。

2020年，为抓住电商直播红利，仙游县出台了《仙游县加快产业带直播发展促进电子商务提升行动方案（2020—2022年）》对直播电商产业发展进行扶持。该文件提出，构建10个年带货超亿元直播电商产业基地，培育及引入100家年带货超千万元直播机构、MCN机构，构建一批直播电商产业集聚区。可见，仙游县对于电商的发展下了大力气，花了大精力。

根据阿里巴巴"第八届中国淘宝村高峰论坛新闻发布会"公布的数据，截至2020年6月底，阿里研究院在全国认定5425个"淘宝村"、1756个"淘宝镇"。仙游县8个镇上榜。

据了解，阿里研究院对"淘宝村"的认定标准主要包括以下几点。

（1）经营场所：在农村地区，以行政村为单元。

（2）销售规模：在阿里平台电子商务年销售额达到1000万元。

（3）网商规模：本村活跃网店数量达到100家，或活跃网店数量达到家庭户数的10%。

对"淘宝镇"的认定标准主要包括：一个乡镇的"淘宝村"大于或等于3个；或者在阿里平台，一个乡镇一年电商销售额超过3000万元、活跃网店超过300个。

被确定为"淘宝村"的村庄将获得阿里巴巴在信贷、培训和推广三方面的扶持；在信贷扶持方面，给予优质卖家授信支持，并探索在卖家经营和消费方面为"淘宝村"提供一揽子金融支持方案；在培训扶持方面，淘宝大学将开展"淘宝村电商人才培养计划"，并从推进知识下乡、搭建农村在线学习平台、培养农村淘宝讲师三个领域入手。

农村地域辽阔，市场潜力巨大，具有地域特色的农产品丰富多彩。但是，正因为地域辽阔，市场太过于分散。搭建农村电商产业园，可以形成一个覆盖整体的市场平台，相当于用一张无形的网把五湖四海的市场笼罩在一起，让所有的农特产品都有可能聚集在一起进行公平展示和竞争，从而提升产品的知名度和市场竞争力。这个庞大的网络市场，还可以向全世界延伸。近年来，农村电商规模持续增长的事实，也印证了这个大趋势。商务部统计数据显示，2014年全国农村网络零售额为1800亿元，2017年全国农村实现网络零售额突破万亿元大关，2020年全国农村网络零售额达1.79万亿元，同比增长8.9%。

近年来，仙游县高度重视发展互联网经济，大力引导传统企业借力互联网实现转型升级，出台多项措施促进电子商务产业健康快速发展，同时加速数字经济步伐，通过淘宝、天猫等电商平台，推进工艺美术、食品、鞋服纺织等特色产业持续发展壮大。

综上所述，要想成功搭建农村电商产业园，首先要确立正确的指导思想，避免盲从，其次是整体定位以及合理布局，最后是详细设定建设内容。这三方面工作是循序渐进的关系，不可本末倒置。各地要站在全局的高度整体把握，具体分析，分步实施。

三、开展农村电子商务的优势

具体而言，开展农村电子商务有以下几个明显优势。

一是降低农产品交易成本。涉农企业可以通过网络发布交易信息、处理网上订单、安排实际生产，减少了中间环节的时间和成本，缩短了农户与市场的距离，还提高了交易效益。

二是减少农产品生产的盲目性。农产品市场具有季节性和时段性，它的市场风险在于农业信息传递速度慢、信息准确性差，并因此引起生产和经营的盲目性。发展农村电商，能有效减少或消除这种信息不对称因素，为农产品的生产和销售及时提供全面的市场信息，使涉农企业和农户在准确把握市场需求的前提下，合理、高效地安排生产与流通。

三是打破产销之间的时空距离。电商平台使涉农企业冲破传统市场局限，进入跨地区乃至跨国的网络市场，从而快速便捷地打开了更广阔的市场，扩大了市场选择性。

四是实现农业信息化。农村电商网络交易平台的建立，使农业生产、销售、运输过程中信息的获取与全球的市场同步对接，有利于实现农业生产中的标准化、规模化和农产品包装、运销过程中的品牌化、国际化，有效降低和规避市场风险，减少生产过剩或短缺造成的损失。

●〉〉 案例分析

某县通过发展电子商务助力特色农业发展，成立多家农产品电子商务公司和龙头农业电子商务营运企业，主要依托阿里巴巴、淘宝、天猫等电商平台开展运营，农产品电子商务业务开展得有声有色。

为了激活特色农业产业的发展，调动农民发展特色产业的积极性，该地除了建立完善的电商平台，还加强了特色农业的管理。其将农业产业结构布局划分为低、中、高三个特色产业带，培强"三个一万"产业，即在低海拔地区的绿汁江沿岸培育以万亩（1亩≈666.7平方米）葡萄为主的热区水果产业带；在中海拔地区培育以豌豆、番茄、小米椒种植为主的万亩冬早蔬菜产业带；在高海拔地区培育以万头优质滇中牛羊养殖为主的产业带。构建低、中、高相结合的产业经济带格局，形成互通性好、带动力强、产业链长的主体空间结构，以此促进特色农业生产效益进一步提高。

这样的例子不胜枚举。总之，电子商务的建立，不仅大大地开拓了农产品销售市场，也有力地推动了特色农业的发展。

任务二　招商方案与执行步骤

农村电商产业园是农村电商以及相关产业在线下的集群，是由物流配送、代运营、客服、金融、培训、人才服务等一系列环节构成的一个生态体系。其招商对象主要是品牌货源商、中小型 B2C 企业、互联网创业团队、配套性服务（物流配送、信息咨询等）企业和电商人才培训机构等。要想吸引招商对象进入农村电商产业园，优惠政策和商业创新模式必不可少。

农村电商产业园具有基础设施半公益与服务为主的属性，因此可由政府主导建设、牵头招商，并鼓励社会资金建设、运营，政府可给予补贴、扶持和奖励。

●>> 案例分析

曾金花是浦江电子商务促进会会长，作为政协委员的她，在引领企业发展的同时，积极承担起社会责任。

2011 年，曾金花和丈夫创办了公司，主营针织内衣等产品。在 3 年时间里，其发展成为在淘宝、天猫、阿里巴巴、京东等平台上拥有 15 家直营网店和 1000 多家分销商的电商运营公司，业务涵盖电商、直播、团购等。

从近年来发展实践看，浦江县电子商务总体上发展较快，但通过考察调研，曾金花发现浦江县与全国电子商务日新月异的发展势头及先进地区相比，存在差距，面临诸多亟待解决的问题。她表示，外面电子商务运营得比较好的城市，基本上配置了一个专业的电商产业园、集聚区，希望浦江也能有一个专业的电商产业园。

从行业发展经验看，一个优秀出众的电商产业背后一定有一个强大的产业链在支撑。为此，曾金花建议县委县政府大力支持打造一个功能齐全、规模集聚、带动作用大的电子商务产业园，实现网货加工、物流分拨、电商孵化、营销推广、电商大数据等一体化发展，促进浦江县电商经济的规模化、集聚化、抱团化发展和品牌效应。曾金花指出，可以打造一个配套完善的浦江电商产业园，包括直播大楼、云仓储平台、电商集聚办公区域、发仓储区域，还有供应链基地区域，以促进电商的发展。[①]

由于开展农村电商工作需要广泛分工与协作，各农村电商经营者之间天然具有集群效应，而农村电商产业园恰是该集群的理想空间载体。针对这种集群特点，农村电商需要相应的商业创新模式，而且传统电商模式不再适应农村电商的需要。

农村电商产业园的招商方案与执行步骤要点如图 8-2 所示。

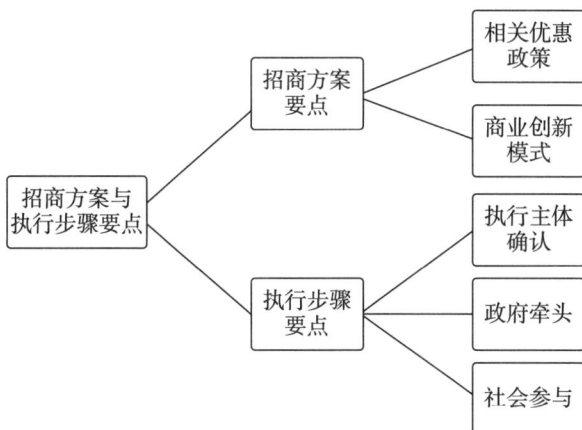

图 8-2　招商方案与执行步骤要点

一、招商方案要点

（一）相关优惠政策

制订农村电商产业园招商方案的首要工作是明确相关优惠政策。农村电商产业园是县域经济发展的重要平台，各地都给予高度重视，只是各地的优惠政策有所不同。

在农村电商产业园招商方案的制订过程中，要准确解读、正确把握各项优惠政

①　陈好，黄双龙.打造一个电商产业园［EB/OL］.（2022-01-18）［2023-05-10］. www.pj.gov.cn/art/2022/1/18/art_1229224385_59090336.html. 有删改.

策。根据政策精神，对产业园进行合理布局，实行统一规划、统一部署、统一建设和统一管理，并且有重点地扶持相关产业。初步方案形成后，要与相关机构进行深入沟通，力争把政策精神用活、把潜力用足。在这方面，浙江省丽水市对农村电商产业的优惠政策具有一定的代表性和推广意义，值得各地借鉴。

2015 年 12 月，浙江省丽水市人民政府下发了《丽水市人民政府关于支持大众创业促进就业的实施意见》，其中农村电商相关优惠政策如下。

（1）重点人群从事农村电子商务创业的，一次性创业社保补贴和带动就业补贴标准可上浮 20%，市本级补贴标准按上浮 20% 执行。

（2）对从事农产品网络销售、农民网络消费服务的电子商务企业招用毕业年度（毕业当年 1 月 1 日至 12 月 31 日）离校未就业高校毕业生，与其签订 1 年以上劳动合同并依法缴纳社会保险费的，按企业为其实际缴纳部分给予社保补贴，期限不超过 3 年。城乡劳动者在村级电子商务服务站服务 1 年以上并依法缴纳社会保险费的，经相关部门认定，可享受一次性创业社保补贴。城乡劳动者在市本级村级电子商务服务站服务的一次性创业社保补贴标准按在校大学生和毕业 5 年以内高校毕业生 5000 元、其他重点人群 3000 元、一般城乡劳动者 2000 元执行。

（3）将村级电子商务服务站纳入公益性岗位开发范围，努力开发代购、代销、代收电子商务创业服务等公益性岗位。就业困难人员到村级电子商务服务站就业，并依法缴纳社会保险费的，经相关部门认定，可参照公益性岗位政策给予岗位补贴和社保补贴，不再享受一次性创业社保补贴。

此外，浙江省丽水市于 2020 年出台的《丽水市人民政府办公室关于促进丽水市电子商务发展的实施意见》也值得其他地区借鉴，有关电商的内容如下。

对新建的使用面积在 1 万平方米以上、电商企业入驻占营业面积 80% 以上（或实体交易市场内 70% 以上的市场经营户开展电商应用）、电商零售额达 3 亿元以上（或农产品电商零售额达 1 亿元以上）、物流快递等电商基础配套设施基本完善的企业自建园区，给予园区运营单位一次性奖励 50 万元。

推动农村电商发展创新模式探索，举办各类全国农村电商大会活动，推动社交电商等新模式的运用，培育一批特色农产品网货基地、区域特色农产品品牌、农村电商专业村（"淘宝村"）和电商创业集聚园，鼓励加大对"丽水山耕"等本地农特产品网络销售。

引进各类高层次人才。制定适合电商及其服务企业高层次人才认定办法。鼓励电商企业引进运营、策划等各类紧缺高层次人才，引进人才按规定享受丽水市高层次人才各类扶持政策。提升电商从业人员技能水平，鼓励符合条件的院校、培训机构、电商创业园和电商企业积极开展电商从业培训，符合规定的给予培训补贴和职业技能鉴定补贴；开展丽水市青年创业创新节、电商创业大赛等品牌活动。鼓励电商领域就业创业，符合条件的电商从业人员经人力社保部门认定后，同等享受就业创业扶持政策。

（二）商业创新模式

农村电商产业园应以创新的商业模式吸引农村电商企业。以"共同经营、共享利益"商业创新模式为例，农村电商企业进入产业园后，产业园为其提供商品货源、运营场所、物流配送等相关服务，即通过 IT 系统整合货源方商品资源，以统一仓储、统一物流配送、统一售后服务等统一运作模式，联合农村电商群体一道进行商品网络分销，形成农村电商产业零库存、低风险、高效率的"一站式"供应链服务，帮助中小农村电商企业迅速成长。

二、执行步骤要点

（一）执行主体确立

鉴于农村电商产业园运营主体是企业，招商方案的具体执行主体也是产业园的运营企业。

根据企业自主发展的原则，运营主体应是一家具有独立法人资格且能够自主经营的企业。该企业为做好招商工作，需要建立招商部门，组建强有力的招商团队，负责招商方案的具体执行工作。

招商部门的首要任务是与相关部门对接，主要工作是向招商对象解读政府出台的有关补贴、扶持和奖励等政策，配合政府把这些政策用好、用足。其还有一项工作是具体执行招商方案，如宣传招商方案、与招商对象洽谈和签约等。

（二）政府牵头

为了做好农村电商产业园招商方案的执行工作，各地应牵头农村电商产业园招商方案的执行工作。通过相关补贴、扶持和奖励政策，鼓励相关机构、企业、团队和个人积极参与建设及入驻产业园。在政府支持方面，贵州省安顺市真抓实干，取得了显著成果，具有一定的代表性。

2016 年以来，贵州省安顺市加快推进农村电商发展，积极与各大电商企业开展合作，积极引入知名电商平台发展农村电商产业。同时，安顺市进一步完善农村电商支撑体系，实施人才战略。到 2020 年年底，安顺市已举办 300 余次电商培训，人数达 30000 余人，并面向全社会招募大量专业人才加入农村电商行列，为农村电商产业注入了强大的力量。

此外，广东省江门市为助推农村电商的发展，也积极牵头进行招商。为积极实施乡村振兴战略，大力发展农村电子商务，江门市政府与阿里巴巴（中国）软件有限公司经充分协商，决定合作建设江门市农村电子商务发展项目，充分发挥各类市场主体参与农村电子商务发展的动力和创造力，完善农村电子商务配送及综合服务网络，构建农产品进城、工业品下乡的双向流通体系，促进农村电子商务加快发展，实现乡村振兴。2019 年 8 月 14 日，双方签订了战略合作协议。据合作协议，双方将充分发挥各自优势，共同推动江门市在农村信息流、物流、资金流等方面基础设施的建设和完善，构建农村网络服务平台、配送网络和金融服务网络以及新型农村商业服务体系。共同探索、开展特色农产品、特色产业的电子商务推广销售，推动江门农村产业发展、新农人增收。①

（三）社会参与

执行招商方案必然涉及社会的多个方面，所以要对招商方案进行广泛宣传，如利用相关媒体进行宣传，吸引社会各方面的广泛关注和参与。

对招商方案的宣传可以采用效果图、沙盘、大屏幕等，也可以结合新闻发布会和项目说明会等会议形式。总之，只有引起相关领域的关注，才能使招商对象参与产业园建设和入驻。

总而言之，农村电商产业园招商方案与执行步骤的设定是一项综合性工作，涉及层面和相关因素很多，要整合相关信息，利用各方面资源，抓住要点，注重可行性，切不可纸上谈兵，要做到招商方案严谨、执行步骤明确。

---

① 江门市政府与阿里巴巴合作推动农村电商发展［EB/OL］.（2019-08-16）［2023-05-06］. www.kaiping.gov.cn/cszrmzf/dzwgk/xxdt/content/post_1522317.html. 有删改.

任务三　农村电商产业园运营策略

从"八五"计划[1]到"十四五"规划[2]，国家政策针对农村电商发展的措施越来越明确、目标也越来越清晰。"八五"计划到"九五"计划[3]，政策规划重点引导和促进农村乡镇企业健康发展，全面振兴农村经济。"十五"计划[4]开始逐渐加强信息技术在农产品交易中的应用。"十一五"规划[5]和"十二五"规划[6]，政策规划重点在于完善农村流通体系和健全农业社会化服务体系，为农村电商发展打下基础。"十三五"[7]规划中，开始重点推进农业信息化建设，加快发展农村电子商务。"十四五"规划则提出加快培育完整内需体系、扩大电子商务进农村覆盖面等内容。

农村电商产业园的兴起恰逢其时，正可借移动互联网之势，以打造农村电商整条产业链模式为目标，利用电商集群化优势，以完善的配套设施和"一站式"服务，依靠专业人才培训，孵化农村电商产业链生态。农村电商产业园的运营策略要紧紧围绕农村电商整条产业链模式展开（见图8-3）。

---

[1]　即第八个五年计划，1991—1995年中国国民经济和社会发展计划。
[2]　即中华人民共和国国民经济和社会发展第十四个五年规划和2035年远景目标纲要。
[3]　即第九个五年计划，1996—2000年中国国民经济和社会发展计划。
[4]　即第十个五年计划，2001—2005年中国国民经济和社会发展计划。
[5]　即中华人民共和国国民经济和社会发展第十一个五年规划纲要。
[6]　即中华人民共和国国民经济和社会发展第十二个五年规划纲要。
[7]　即中华人民共和国国民经济和社会发展第十三个五年规划纲要。

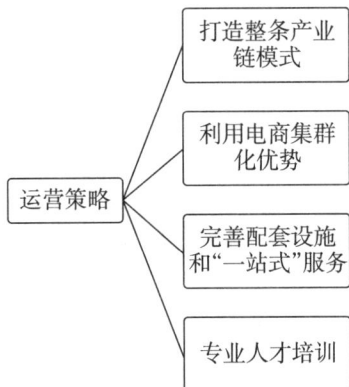

图 8-3 农村电商产业园运营策略

一、电子商务产业园区建设和运营

近些年，我国县域电子商务虽有较快的发展，但是企业较分散，整体缺乏产业集聚的载体，不能形成电商产业优势集群，基础设施无法集约化使用，配套服务等公共资源的作用和效益无法实现最大化。企业间缺乏电商链条分工协作，无法形成资源集约、合作共享的电子商务发展生态圈。

电子商务产业园区（以下简称园区）作为电子商务产业链的重要内容，是电子商务产业发展的重要载体。地方政府建设和运营园区，就是希望通过加快优势及特色产业与电子商务的深度融合，推动电商产业集聚壮大，加速地方经济发展方式转型和产业结构优化升级，为区域经济提质增效提供重要支撑。

（一）园区发展现状

1. 园区具备一定的数量规模

近年来，地方政府高度重视电子商务发展，在资金、人才等方面出台了系列政策，有的地方政府将发展电子商务产业园区作为推进电子商务发展的抓手。而国家电子商务示范基地的创建工作和电子商务进农村综合示范工作的开展，更强有力地推进了园区的快速建设和发展。

2. 园区带动电子商务服务业规模发展

园区的规模效应带动了网络建设、市场营销、快递物流、人才培训、金融服务、规划咨询、电商代运营等电子商务相关服务企业的集聚发展，推动了电子商务服务业的市场规模再上新台阶。商务部发布的《中国电子商务报告 2019》显示，2019 年我国电子商务服务业营业收入规模为 44741 亿元，同比增长 27.2%。其中，电子商务交易平台服务营业收入为 8412 亿元；电子支付、电商物流、信息技术服务和信用服务等业务营收额稳步增长，达 17956.9 亿元。

3. 园区推动电商就业人数日益壮大

在电子商务与实体经济融合发展加速，电子商务创业便捷，以短视频、直播平台为代表的社交电商平台兴起的背景下，我国相关园区配套设施日趋完善，提供的电商服务越来越系统化，这在一定程度上为创业者提供了理想办公场所。"足不出园"就可以实现交易闭环，带动更多人从事电子商务相关工作。

4. 电商为农村青年提供了创业机会

电商对农村就业产生了极大影响，为农村青年提供了更多的就业岗位，吸引外出打工人员返乡创业，吸引外来人员尤其是大学生到农村创业。

农村电商比外出打工更具灵活性与自由性，吸引了大量的农民工返乡创业。农民工返乡创业有利于照顾年迈的父母，防止"空巢"老人和留守妇女、留守儿童等问题出现。同时，农村电商会吸引一些外来高素质的打工者，给农村的发展注入了新鲜血液和新的动力。

通过《中国淘宝村研究报告（2009—2019）》可以看到，中国"淘宝村"数量已从 3 个增加到 4310 个；"淘宝镇"数量达到 1118 个，覆盖 2.5 亿人口。阿里研究院数据显示，2020 年 6 月，全国已有 5425 个"淘宝村"，约占全国行政村总数的 1%，吸纳了 828 万人口就业，成为农民工返乡创业的沃土。

电商架起了联结农户和市场的桥梁。"淘宝模式"也成为青年农民返乡创业的"优质土壤"。电商知识帮助农民拓宽农产品销售渠道、大力推广产品、发展家乡优质产品，农村电商的未来前景光明。

（二）园区发展存在挑战的原因

园区发展存在挑战，主要原因如下。

1. 以旧理念发展园区

部分园区是工业园区穿上"电商马甲"。相关部门沿用工业时代招商引资理念，希望大的电商平台能够入驻，带来税收和就业，但忽略了互联网的开放性，导致一旦停止补贴，招商引资的企业就"人去楼空"。同时，有些地方园区存在重复建设等现象，甚至出现一个小小的县就有两个以上园区的情况。

2.园区"重硬件，轻软件"

以"商业地产"理念进行建设，园区外部建筑等硬件设施建设得"高大上"，但软件设施配套相对落后。有些园区建成后，服务业不集聚，公共服务缺失，不能为入驻企业提供支撑，更谈不上电商产业链分工。一些园区建成后没有电商企业入驻，冷冷清清，沦为"僵尸园区"。

3.园区忽略本地企业和"草根"创业者的发展

园区在发展过程中，有时注重电商"强县"，但忽略了电商"富民"的作用，过多注重税收，把税收作为衡量企业能否入驻园区的重要指标。很多"草根"创业企业由于规模小，不能产生太高税收，未被园区重视，享受不了入驻园区的政策。另外，有些园区忽略了本地企业及创业者与本地产业的关联性。本地企业及创业者立足本地产业，解决的是本地产品的销售问题，带动本地人就业，虽然可能目前规模较小，但是未来一旦发展壮大，将会为本地电商产业带来跨越式发展，助力区域经济的转型升级。园区应对此类企业、创业者予以重视。

4.园区运营不尊重市场规律

电商园区的发展要着眼于未来，尊重市场规律，按照市场化方式运营。但部分园区重管理、轻运营，让企业"自生自灭"，没能实现电商资源充分整合，没能在电商链条中实现生产、物流、销售等环节分工协作，没能形成完整的产业链和生态链，导致园区企业凝聚力不够，同质化竞争严重，降低了本地电商整体的竞争力。

（三）园区主要任务

按照商务部关于国家电子商务示范基地的要求，园区应主要承载以下任务。

1.强化承载能力，服务电子商务新经济

完善基础设施和服务体系，向园区内企业提供营销推广、技术运维、仓储物流、安全认证、交易追溯、数据存证、法律财税咨询、专利申请代理等服务，打造产业链完整、功能齐备的电子商务产业基地；整合政府和社会资源，完善线上、线下协同的示范基地公共服务平台，打造便捷高效的电子商务公共服务体系；鼓励依托园区率先制定和实施电子商务相关行业标准和服务规范，逐步推广；完善园区内企业信息采集制度，建立健全电子商务统计监测体系，依托大数据技术加强园区管理；开展信用评价服务，探索建立企业信用信息共享机制，促进电子商务产业

规范发展；鼓励园区推动入驻企业间开展电子商务业务合作。

2. 提升孵化能力，支撑大众创业、万众创新

发挥园区配套优势，营造有利于创业创新的良好氛围，支持新技术、新产业、新业态、新模式发展；大力发展众创空间等新型孵化器，完善技术支撑服务和创业孵化服务，提升孵化能力；推动园区创业孵化与科研院所技术成果转化有效结合，促进大数据、物联网、云计算、人工智能、区块链等技术在电子商务领域的创新应用；加大园区招才引智政策激励力度，创建有利于吸引人才的配套环境；鼓励园区与政府机构、大专院校、培训机构、行业协会和企业联合开展实用型人才培训；支持有条件的园区设立电子商务创业创新实训基地；创新培训方式，积极发展企业现代学徒制、订单式等培养模式；支持园区举办或参与各类电子商务创新创意创业大赛，发现和引育优秀的创业创新项目和创业创新人才；构建多元化、多渠道的投融资机制；鼓励设立面向园区内企业的地方政府创业创新投资引导基金，带动社会资金投入；鼓励园区与金融机构合作，依法合规开展金融服务创新，构建企业投资、融资、孵化的良性运作环境和服务体系。

3. 增强辐射能力，推动传统产业转型升级

鼓励园区结合地方经济发展特点，推动电子商务与生产制造、商贸流通、民生服务、文化娱乐等产业的深度融合；引导电子商务企业延伸产业链条，加强纵向整合，助力电子商务精准扶贫，拓展民生消费新领域，提升国际贸易便利化水平；鼓励企业建设信息化追溯系统，提升品牌价值，推进流通创新发展；进一步充实园区服务资源，提升服务水平，打造区域性电子商务服务辐射中心；面向地方优势产业和重点企业，开展线上线下相结合的资源对接服务，提升企业电子商务应用水平，带动地方产业加速转型升级。

（四）园区发展策略

1. 生态化

园区的核心价值不在于高大的建筑和庞大的规模，而在于优质服务体系的打造。园区服务体系要突破碎片化、零星化的短板，建设的产业体系、人才培训体系、快递物流体系等体系之间要打破隔阂，互相融合、发展，促进服务体系生态化发展。生态化不仅仅局限在电商服务企业，还要扩大到入驻的网商和电商企业之间融合发展，形成电商产业链分工，最终服务企业与网商企业和电商企业形成生态化的产业集群，谋求园区发展的理想状态。

2. 产业电商化

对于县域电子商务产业发展而言，园区不仅仅要实现电商产业化，更要实现产业电商化。电商产业化就是围绕提供电商服务，形成较为完备、多层次的综合服务体系，吸引电商企业入驻并快速发展，形成网商、电商平台等新业态。电商服务包含商务服务如快递、仓储、培训、摄影、运营、信息技术等，生活服务如餐饮、超市、住宿等。

而产业电商化则是促进本地特色产业与电子商务的深度融合，利用电商销售端积累的市场数据和销售数据，逆向改造生产端，推动电商要素和优势产业向园区集聚，促进产业聚合、实现协同发展，借助产业链聚合效应，不断延伸产业链、提升价值链、打造供应链，实现一、二、三产业融合发展，走"产业电商"的发展道路。

小知识

发展电商产业是一、二、三产业融合发展，推动产城一体化的客观要求。

农产品、食品加工业从大的范畴来看属于大农业，而农业发展规律要求必须坚持一、二、三产业融合发展的路子。从农产品、食品加工业发展初期看，就是要通过电商产业促进产品销售，解决销售难的问题，使再生产能够有效持续循环。而农产品、食品加工业的实体产业发展，反过来推动电商产业不断升级，并使电商产业融汇于整体产业体系和链条之中，进而促进第一产业和第二产业规模扩大和转型升级，实现良性循环。

3. 运营专业化

对城市电商而言，由于城市具备基础设施完善、消费主体集中、物流配送及时、人才集聚等优势，企业发展电子商务基础扎实，集聚效应明显，市场在资源配置中的作用得以发挥。城市电商基地采用第三方专业运营的方式，利用租金和增值服务即可实现盈利。

农村电商受诸多短板制约，特别是受物流配送等基础设施滞后、人才缺乏等问题制约。园区要想实现产业化、规模化发展，需要坚持"政府前期主导、多元主体联动"的发展策略。这是我国农村电商产业园发展的正确路径。

要根据市场主体的需求来建设园区，不能脱离本地实际造成重复建设或资源浪费。建设完成后，要通过市场机制来检验建设的成果，避免闲置。还要根据市场主体的实际需求进行调整，最大程度发挥其价值和作用。

二、运营策略

（一）打造整条产业链模式

园区一般是以优惠的房租留住电商，但这种方式不长久。所以，农村电商产业园要配备30%以上的服务企业，为电商企业提供摄影、美工等一系列外包服务，即以打造整条产业链作为农村电商产业园布局的核心，在此基础上实现产业链之间有机结合、统一管理的运营策略。如此才能长久留住电商企业，并使其在园区中得到长足发展。

（二）利用电商集群化优势

对于处在成长阶段的农村电商群体而言，相互之间的合作至关重要。农村电商产业园的电商集群恰好便于电商企业相互交流，可组织相关电商企业进行研讨。例如，在"双11""618"等电商大促销活动前夕召开电商研讨会，讨论应对策略，提升电商运营能力。这正是电商集群产生的隐性资源，应当被高度重视。农村电商产业园要将这种隐性资源作为基本配置，充分利用电商集群化优势。

（三）完善配套设施和"一站式"服务

当下电商早已不同于以往，不是一间屋子配几台电脑就可以创业。如今的电商正向规模化发展，配套设施的完善度是衡量一个电商产业园是否可以入驻的重要因素。所以，农村电商产业园的配套设施一定要齐全，如配备食堂、放映厅、大型会议室等。而且，附近要有住宅小区，以便为员工提供住宿，还要交通便利。

农村电商产业园要从"一站式"服务的产业布局出发，孵化绿色、生态、智能的全产业链。在科技创新不断发展、电子商务与实体经济相互融合、产业不断升级的背景下，创建以一条龙服务为特色的农村电商产业园迫在眉睫。

（四）专业人才培训

专业人才培训是农村电商产业园的重要运营策略之一。要以产业园为农村电商人才基地，同时面向社会提供人才培训服务，发挥产业园在县域电商产业中的龙头作用，为产业园的长足发展打下坚实的人才基础。

农村电商产业园为满足农村电商的实际需求（迫切需要大批技术精湛、素质过硬、兢兢业业的综合型电商人才）和未来经济发展大趋势，需要创建一个能推动良性发展、具有完成岗位工作所需的知识与能力体系、帮助构建人才梯队的模型，以推动电商人才的快速成长。目前最紧要的工作是人才及团队的建设工作，而系统、专业电商人才培训是发展农村电商的重要措施之一。

在专业人才培训方面，福建省仙游县的电商人才培训计划可供借鉴（见图8-4）。

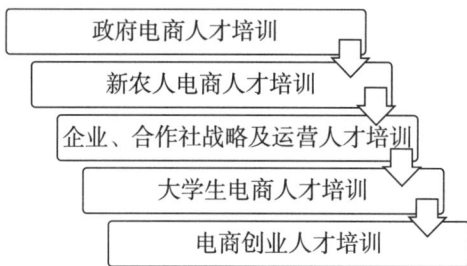

图8-4　仙游县电商人才培训计划

1. 政府电商人才培训

（1）培训对象：从事电商相关工作的政府工作人员。

（2）培训导师：有政府合作经验的战略导师。

（3）培训内容：通过典型案例学习（理论课）、实地考察（实地考察课），结合其他地方的特色，转化形成富有本地特色的电商发展模式（理论和实践相结合并应用）。

2. 新农人电商人才培训

（1）培训对象：已经从事农业工作，生产具备一定的规模，但是思维和营销方式传统的人员。

（2）培训导师：全国范围内在"互联网＋农业"领域比较成功的案例导师。

（3）培训内容："互联网＋农业"该如何进行，在互联网环境下产品品质、包装、物流、运输如何保障以及品牌如何打造。

3. 企业、合作社战略及运营人才培训

（1）培训对象：仙游县范围内已经在从事电商相关工作的企业及团体。

（2）培训导师：资本公司或者上市公司、战略公司的导师。

（3）培训内容：企业应该如何建设才能做大做强，应该如何一步步布局，把企业做成有竞争力的企业。

4. 大学生电商人才培训

（1）培训对象：职业技术学院在校生。

（2）培训导师：电商企业实战导师。

（3）培训内容：让学生在校期间就接触电商，企业实战内容提前进入学校，让学生在毕业时就有实战经验，并且在毕业时就有含金量，学生能够自主创业，以提高学生就业率。

5. 电商创业人才培训

（1）培训对象：对电商创业感兴趣或者已经在电商领域创业，但是模式和盈利点单一的人员。

（2）培训导师：营业规模较大的电商企业导师。

（3）培训内容：诊断电商企业的现状，对症下药，一对一辅导，从组织架构、盈利模式等方面提高初创电商企业的生存概率。

后来，该县又将农村电商消费者作为培训对象。

培训对象：农村农民。

培训导师：能够以直白的、深入浅出的方式讲课的电商从业者。

培训内容：教农民如何识别购物中的陷阱、辨别真假，如何与其他商家对比，以及如何支付才不会被骗。

综上所述，农村电商产业园运营策略的核心是打造农村电商产业链。换言之，就是要使产业园发挥孵化器效应，通过相应措施孵化农村电商生态，形成全产业链式生态圈。

任务四　规范发展电商产业园

2017年中央一号文件关注电商产业园问题，提出了"鼓励地方规范发展电商产业园"。由于这个提法是在"推进农村电商发展"这一段中，很快引起了大家的关注和讨论。为什么要发展农村电商产业园？

一言以蔽之，这是农村电商发展的阶段性要求。

农村电商产业园是农村电商蓬勃发展之后生产力的客观要求，因为资金流、信息流、物流、人才流客观上需要一个公共的物理空间来承载和交汇。有了产业园，电商、源头、配套产业链才能够充分布局。

2021年，《中共中央　国务院关于全面推进乡村振兴加快农业农村现代化的意见》，即2021年中央一号文件发布。

该文件指出，民族要复兴，乡村必振兴。要坚持把解决好"三农"问题作为全党工作重中之重，把全面推进乡村振兴作为实现中华民族伟大复兴的一项重大任务，举全党全社会之力加快农业农村现代化，让广大农民过上更加美好的生活。

针对农村消费和电子商务发展，该文件提出：全面促进农村消费。加快完善县乡村三级农村物流体系，改造提升农村寄递物流基础设施，深入推进电子商务进农村和农产品出村进城，推动城乡生产与消费有效对接。促进农村居民耐用消费品更新换代。

针对加快推进农业现代化，该文件提出：构建现代乡村产业体系。依托乡村特色优势资源，打造农业全产业链，把产业链主体留在县城，让农民更多分享产业增值收益。加快健全现代农业全产业链标准体系，推动新型农业经营主体按标生产，培育农业龙头企业标准"领跑者"。立足县域布局特色农产品产地初加工和精深加工，建设现代农业产业园、农业产业强镇、优势特色产业集群。

农村地区电子商务的发展在促进农村经济发展、实现农民增收上起到了不可替代的作用。具体来说，想规范发展电商产业园，应重点考虑以下内容。

一、电商产业园的建设要与当地电商发展阶段相适应

如果是在启动阶段，则电商产业园主要承担孵化功能，这个阶段的电商产业园建设核心是基础的公共服务要到位。例如，有一些公共的办公空间，有小型的仓库，能培训，还有配套的电商服务，而且尽量靠近城区，以方便创业者出入。电商产业园发展到后续阶段，随着要素聚集规模越来越大，可以考虑扩大建设，功能分区，配套关联产业。

二、电商产业园必须有电商的特点

一些地方简单把其他工业园区换个牌子变成电商产业园，不符合电商发展的基本逻辑，导致没有电商愿意入驻，十分尴尬。有的电商产业园很夸张，连基本的仓储物流都不配套，只有一点办公的物理空间，门可罗雀也就非常正常了。电商产业园要"聚集品牌推广、物流集散、人才培养、技术支持、质量安全等功能服务"，有些园区还不完全具备这些功能，可谓建设任务繁重。当然，更重要的还是聚人气，如果电商不愿意入驻，那问题就大了。

三、电商产业园还是要落脚在产业上

现在讲电商生态，不仅是前端电商及其运营体系，如平台、网商、服务商等，还有庞大的中端体系，如金融支付、物流仓储等，更有复杂的后端体系，如产业链上的加工企业，配套产业链的彩印包装、实体展示等，以及必要的生活服务。一个电商产业园要想发展壮大，吸纳电商入驻是必需的，配套产业的落地也是必需的，否则就会根基不稳。

四、电商产业园要良性发展

电商产业园虽然很时髦，但要想实现盈利并不容易。从全国范围看，电商产业

园盈利的没有那么多。总体观察，第一阶段园区多靠政府补贴，第二阶段开始靠物业服务收费，第三阶段提供配套服务，现在又开始着眼风投与项目孵化了。园区运营的自我造血功能是必备的，否则难以长久。

一些电商专家认为，如果想要电商产业园在本地发展更加顺畅，作为农村电商生态体系中两个重要的角色——政府和服务商，就要深耕本地，掌握具体情况，两者充分互动、稳扎稳打才能见成效。此外，身为电商发展的主体，企业和创业者要借势平台资源，发挥主观能动性，积极接收新思路、新观点，利用好新的发展平台，大胆尝试互联网以用户和数据为中心的做法，进行转型升级和突破。

随着 2021 年中央一号文件的发布，农村电商将再次迎来利好。电商加速赋能农业产业化、数字化发展，一系列适应电商市场的农产品持续热销，有力推动乡村振兴和脱贫攻坚。电商产业园的存在及入驻企业的成长，为农村电商企业提供了良好的发育空间，也为产业发展注入了新的活力。

●>> 实训任务

[任务名称]

农村电商产业园运营策略

[任务背景]

通过本模块的学习，试想自己是一名返乡进行电商创业的大学生，会入驻电商产业园吗？原因是什么？

[实训目的]

（1）了解电商产业园知识。

（2）了解农村电商产业园的发展与规划。

[实训要求]

（1）能够根据要求，对农村电商产业园进行深层次了解。

（2）能够通过学习，对农村电商产业园的未来发展进行规划。

●>> 考核评价

学生分组学习本模块，每小组 4~6 人。学习完本模块后，各小组成员进行自评（优、良、差），并填写考核评价表。

考核评价表

模块名称	考核内容	学生自查
直播准备	农村电商产业园园区发展面临的挑战	
	说出你对 2021 年中央一号文件关于电商产业园发展的理解	
	农村电商产业园园区发展策略	
	试着对你家乡的或者你熟悉的农村电商产业园进行发展规划	
体会与收获：		